介護・福祉シリーズ 4

ホームヘルパーのための
現場で役立つ上手な言葉かけ80

日本ホームヘルパー協会 著／監修

NEW・JMPシリーズ 78

コミュニケーションが支える介護の仕事

日本ホームヘルパー協会会長　因　利恵

ホームヘルパー業務を円滑に行うために大切なのは、利用者とうまくコミュニケーションをとることとです。利用者からの苦情やトラブルの多くは、うまくコミュニケーションがとれていないことが原因で起こります。利用者を理解し、利用者の思いに沿って行動するために、コミュニケーションは重要です。

実は私も、失敗した経験があります。視力障害者を外出介助していた際、道中の会話で「かわいそう」という言葉を使ってしまったのです。どういう経緯で使ったのか自分では覚えていませんが、彼女は即座に「『かわいそう』というのは人を哀れむ言葉で、私を下に見ていることと同じなのよ」と言いました。私はそんなつもりはまったくなかったので、戸惑いました。

しかしあるとき、私自身が友人に「かわいそう」と言われ、視力障害者の彼女の思いがわかったような気がしました。「あなたに『かわいそう』なんて、言われたくない」と不愉快に感じたのです。

コミュニケーションは、言葉や文字で行うことが多いです。言葉には、それ自体がもつ意味や雰囲気があります。これは、勉強や経験から学ぶしかありません。本書では、言葉かけによって、よい人間関係が築けた事例を中心に紹介しています。

しかし、言葉によるコミュニケーションがすべてではありません。アメリカのコミュニケーション学者のバードウィステルの研究では、二者間の対話で伝わるメッセージは、言葉によるもの三五%、言葉以外のもの六五%とされています。メラービアンの法則（コミュニケーションの方法と効果）でも、言葉による効果は七%、言葉以外の効果が九三%（話し方三八%、態度五五%）です。いずれも非言語コミュニケーション（ノンバーバルコミュニケーション）が重要であることを示しています。

本書は、ホームヘルパーと、利用者やその家族とのコミュニケーションを考えるため、ベテランのホームヘルパーのさまざまな経験談を中心に掲載しています。コミュニケーションが成功した事例を見てみると、やはり非言語コミュニケーション（ノンバーバルコミュニケーション）がとても重要であることに気づきます。利用者への思いがあれば、自然とノンバーバルコミュニケーションに現れます。認知症やコミュニケーション障害の方々にも、ノンバーバルコミュニケーションを駆使し、良好な人間関係を築いていきたいものです。

本書が、ホームヘルパーの皆様、ひいては利用者やその家族の皆様のお役に立てれば幸いです。

目次

監修　日本ホームヘルパー協会

会　長　因　利恵
副会長　青木　文江（埼玉県ホームヘルパー協会会長）
　　　　田中　典子（日本ホームヘルパー協会東京都支部会長）
　　　　山本　栄子（日本ホームヘルパー協会岡山県支部会長）
理　事　酒井　雅子（函館市ホームヘルパー連絡協議会会長）
　　　　仁平　明美（栃木県ホームヘルパー協議会会長）
　　　　倉重　菊江（新潟県ホームヘルパー協議会会長）
　　　　小室　真波（三重県ホームヘルパー協会会長）
　　　　守山　美加（和歌山県ホームヘルパー協会会長）
　　　　黒松　基子（島根県ホームヘルパー協会会長）
　　　　宮武　一弘（日本ホームヘルパー協会香川県支部会長）
　　　　池田喜代子（鹿児島県ホームヘルパー協会会長）
　　　　坂本　幸美（日本ホームヘルパー協会北九州支部会長）
　　　　直江　誠子（福岡市ホームヘルパー協議会会長）
監　事　境野みね子（千葉県ホームヘルパー協議会会長）
　　　　山田　淳子（山梨県ホームヘルパー協会会長）

非言語コミュニケーションについて

日本ホームヘルパー協会副会長　山本 栄子

皆さんは、こんな経験ありませんか？

①勉強しないでテレビばかり観ている子どもに対して、大きな声で叱ることができない。あるいは「勉強しなさい」と言えない。そして結局、「随分、ゆとりがあるのね……」などと嫌味を言って、ドアをバタンッ！　と閉めてしまったこと。

②忙しいとき、上司にほかの仕事を頼まれ、「今、忙しいのでできません」と言えず、「私にばかり仕事を頼んで……」と思いながらも、「はい、わかりました」と答えて笑顔が引きつってしまったこと。

③利用者に「台所の掃除もしてね」と言われ、「自分でできるのに……」「介護保険は自立支援なのに、何もかもしてしまってよいのかしら」と思いつつ、「はい、わかりました」と答えてしまい、思いと行動が一致していない自分に気づいたこと。

人と人は通常、言葉を介してコミュニケーションをとりますが、自分と相手の思いや考えが違ったときに言葉で述べることができなかったり、思いとは違う意思表示をしてしまうことがあります。また、体調や環境、その場の雰囲気などで思いを伝えることができにくい場合もあるでしょう。そんなとき、心に思っていることがおのずと、態度・表情・雰囲気・声色・顔色などに表れます。

われわれ介護職は、よく「利用者のアセスメント（観察）を行うように」と言われます。訪問時に、顔色や声の調子で、「今日は、体調がよさそうだ」「少し元気がないな」「声が沈んでいるけど、何かあったかな」などと感じ取ります。これが、非言語コミュニケーション（ノンバーバルコミュニケーション）、つまり言語以外での意思の伝達方法です。非言語コミュニケーション（ノンバーバルコミュニケーション）は、ときに言葉より強く表現される場合があります。

対人関係を円滑にするためのコミュニケーション技術は、話法だけではありません。もちろん、まずは言葉ありきですが、態度や基本動作も大きな意味でのコミュニケーション要素と言えます。

1　挨拶

利用者や関係者との交流は、まず挨拶から始まります。ホームヘルパーや事業所に対する第一印象がここである程度決まりますから、挨拶はきちんと行いたいものです。言葉の抑揚、雰囲気、笑顔などは、どんな方にも伝わります。不安を抱えてわれわれを迎え入れてくれる利用者に対して、「私はあなたのお宅を訪問できてよかったです」というメッセージを込めて、挨拶するとよいでしょう。

挨拶は、訪問する側にも大きな意味があります。たとえホームヘルパー自身がさまざまな問題やストレスを抱えていたとしても、「おはようございます」「こんにちは」「こんばんは」と明るくはっきり挨拶することによって、自らの気持ちを新たにできるのです。

2 表情

どんな言葉や挨拶も、表情が硬かったり暗かったりしては、気持ちは伝わりません。コミュニケーションは、伝わらなければ意味がないのです。笑顔が自然に出ればよいのですが、接遇の技術としてトレーニングすることで、笑顔を作ることができるようになります。事業所に鏡を置いて、笑顔のトレーニングをしてみましょう。

利用者には、後ろや横からも見られています。ベッドで横になっている利用者には、下からも見られていることを意識したほうがよいでしょう。気を抜いて乱雑な作業をしていると、利用者に悪い印象を与えてしまいます。

3　身だしなみ

ホームヘルパーが身だしなみでいちばんに心がけないといけないのは、清潔・健康的・機能的・控えめ、そして「その人らしさ」です。スタッフ同士でチェックしてみましょう。業務中は予防着をつけ、利用者が「健康と生命を預けても安心」と感じるような身だしなみでなくてはなりません。しわやほころびのある服や、華美な化粧や装飾は、利用者に不愉快な印象を与えてしまうことがあります。

4　態度

(a)　いつも気配りを忘れずに

人は体調が悪かったり心配事があると、活動的になれません。病気やケガで安静にしているときに、突然物音がしたり、乱暴に部屋に入ってこられると不愉快ですし、ますます体調が悪くなったように感じるでしょう。相手の状況を考えて行動すれば、無用な音を立てたり、乱暴な行動は控えるようになるはずです。ホームヘルパーとして、利用者の体調やその日の状況に応じて気配り・目配りを怠らなければ、てきぱきと行動していても、利用者に不愉快な思いをさせなくてすみます。ドアの開閉でも、気配りさえあれば、閉め切る最後まで手はノブを離さないものです。「水音が気にならないだろうか」と考えれば、水道の蛇口の扱いも、自然と丁寧になります。

それがわれわれホームヘルパーが利用者に対する際の、非言語コミュニケーション（ノンバーバルコミュニケーション）なのです。

(b) 自立支援を目的に

利用者の希望することを何でも行うようにすれば、「親切なヘルパーさん」と言われるのかもしれませんが、介護保険法での訪問介護業務は、あくまで自立支援です。利用者と馴れ合いになってしまうと、断りきれず何でもしてしまいがちですが、訪問介護計画書に沿って業務を展開することが必要です。的確なコミュニケーション技術を使って、利用者の真の自立へ向けてのサービスを心がけましょう。現場で返事ができないことは、サービス提供責任者に報告して、利用者に説明してもらうとよいでしょう。曖昧でいい加減な返事は避けてください。

(c) 言葉と態度の関係

アナウンサーのように、きれいな言葉だけで利用者に対応する必要はありません。ふるさとの訛りがあってもよいのです。大切なのは、利用者を傷つけないような言葉かけを行うことです。

言葉には、自然に態度がついてきます。お金の受け渡しをする際、右手しか使わず、左手をポケットに入れていると、だらしなく見えてしまいます。物を扱うときや受け渡しのときは両手を添えるなどの気づかいが、利用者の安心につながります。利用者が「自分は乱暴に扱われている」と感じたら、後々、適切なサービスができなくなってしまうかもしれません。コミュニケーションには相手への思いやり、気配りというエッセンスを添えることを忘れないでください。

5　言葉

「笑顔の多い病院は、訴訟が少ない」――近年、患者満足度向上マネジメントに取り組んでいる医療機関の話です。

笑顔と切り離せないのが、言葉づかいです。感じのよい笑顔と言葉のどちらが欠けても、利用者に思いやりは伝わりません。せっかくの笑顔も、投げやりな言葉で台なしになることがありますし、不自然な作り笑いが利用者を不愉快にさせることもあります。心を相手に届けるために、言葉や態度を大切にしたいものです。

〈感じのよい話し方のポイント〉

①誰にでもわかりやすい言葉を使う。

②あいまいな言葉は避け、語尾をはっきり発音する。

③順序よく、はっきり、簡潔に、大切な点を強調する。

④出まかせ、いい加減な説明はしない。

⑤否定ではなく、〝あとよし〟言葉をつかう。

例A　否定言葉：十五分後ならできますが、今はできません。
　　あとよし言葉：今すぐにはできませんが、十五分後にはできます。

例B　否定言葉：薬は決められたとおりに飲まないと、効きませんよ。
　　あとよし言葉：決められたとおりにお飲みいただくと、効果が出ますよ。

⑥依頼文にする（お願い言葉：～していただけますか）。

⑦肯定文を使い、否定文を避ける。

⑧「すみません」ですまないこともあると認識する。

⑨「クッション言葉」を活用する。

例　恐れ入りますが／申し訳ございませんが／～いただけますか／～願えますか／ありがとうございます／よろしくお願いします／～ではいかがでしょうか

⑩挨拶と締めくくりの言葉をはっきりさせる。

利用者に納得してもらえるように、利用者側の話を十分に聴くことが、介護職のコミュニケーションの基本です。コミュニケーションは、介護そのものであると言っても過言ではありません。

6 傾聴

利用者の話を聴いている間も、こちらからの非言語コミュニケーション（ノンバーバルコミュニケーション）を感じてもらいましょう。

静かにうなずいたり相づちを打つなど、利用者が話したいという気持ちをしっかり受け取めることが大切です。「じっくり、話を聴かせていただいています」というメッセージが伝われば、利用者は「この人は、自分のことをわかってくれる」と感じ、よい人間関係を築くきっかけになります。

7 受容

受容とは、相手から投げかけられた話を、まず受け入れることです。「あなたの辛さがわかりますよ」と相手の話したいことを受け入れます。他人の誹謗・中傷に及んだ際も、受容されていることがわかれば少しずつ気持ちの整理ができて、自分自身の欠点にも気づいていくことでしょう。相手の気づきを待ちながら、ホームヘルパーとしての立場で話を聴きましょう。

8　共感

共感とは、相手の生活歴や価値観、生き方哲学などを含んだ、全人格的な存在そのものを尊び認めることです。介護保険では「尊厳ある介護」と言われています。心から利用者の話を聴き、「かけがえのないあなた」として尊重します。

ホームヘルパーは、直接介護サービスを行うのが本来の業務ですが、よいサービスを行うためには、十分なコミュニケーションが必要です。とりわけ非言語コミュニケーション（ノンバーバルコミュニケーション）の果たす役割は大きく、言語でのコミュニケーションが難しい利用者にとっても有効なコミュニケーション技術となっています。

近年、介護サービス利用時間が徐々に短縮され、十分にコミュニケーションがとれないいま介護のみを黙々と行うケースが増えています。利用者は「思いを誰かに聞いてもらいたい。複雑な心境をわかってもらいたい」と思っています。言葉と、それ以外の意思の疎通を組み合わせることによってできた信頼関係こそが、介護を前進させる原動力になります。

介護の入口、それは明るい挨拶と、目と目で交わす微笑みです。「明日も元気でね。また、きますからね」「ヘルパーさんも気をつけて帰ってね」——多くを語らなくてもふれ合う心、それが出口です。自分を認めてくれる人が身近にいる、そう思えるだけで、人は元気になれるのです。

参考文献

・リスクマネジメント協会認定：『介護リスクマネジャー養成講座』テキスト第3章Ⅲ-3〜Ⅲ-10「患者満足度向上マネジメント　接遇基本の確認」

・『おはよう21』２００９年7月号、「コミュニケーション上手なヘルパーを目指そう」

ホームヘルパーのプロとしてのコミュニケーションのあり方

日本ホームヘルパー協会監事　境野　みね子

高齢者・障害者は、定年退職、肉親との別れや身体的健康への不安などにより、人との接触が極めて少ないことが多く、寂しさや悲しさを感じることがあります。それが原因で、急に老け込んだり、人柄が変わったりする人もいます。ホームヘルパーが利用者や家族と良好な関係を築くためには、コミュニケーションが重要な部分を占めていることは間違いありません。

ホームヘルプサービスを行う際のコミュニケーションは、視線を合わせ、うなずきや傾聴を行い、尊敬の念をもって受容と共感などを行うことです。安心感を与え、信頼関係を築くことで、プロとしてよりよいケアを目指すことができます。

1　コミュニケーションを良好にするためのポイント

①利用者・家族との初回面接では、相手に対して思いやりの気持ちをもち、利用者・家族の要望を明確に聞き取り、ケアの内容について相互に確認し合い、安心してケアを

開始できるように十分なコミュニケーションをとりましょう。

②利用者とホームヘルパーは、何気ない普段の会話から信頼関係を築いていきます。ホームヘルプサービスにおけるコミュニケーションのポイントは、利用者のペースに合わせ、話し上手より聞き上手になり、あせらずゆっくりと利用者から話題を引き出せる雰囲気をつくることです。

③先入観をなくして傾聴します。コミュニケーションの良し悪しは利用者の今後の支援に大きく影響するので、介護される人の身になって、押しつけは避けましょう。よいコミュニケーションをとることができれば、身体介護や生活支援などの働きかけを通して利用者の自立支援の促進につながり、身体機能や生活動作などの向上をもたらすことになります。

④言葉はときに、心とは異なった表現をすることがあります。上手に意思疎通を図ることとは簡単ではありませんが、心を開いてもらう働きかけが大切です。利用者には、「他人の世話になりたくない」「他人に迷惑をかけたくない」などの気兼ねもあるため、プロの介護サービスを受けることは、当然の権利であるとさりげなく伝えるようにしましょう。

2　サービス提供時に起きやすいトラブル事例から学ぶ対応

事例①　利用者からの接待で起こったトラブル

八十歳の女性で杖歩行、一人暮らし、要介護1の利用者がホームヘルパーに、仕事の後にお茶とお菓子を出してくれました。ホームヘルパーも利用者に何度か軽く「仕事できているので、いりません」と断っていたのですが、関係性が悪くなってはいけないと接待を受けていました。

ある日、ホームヘルパーがくる日なのにお菓子がないことに気づいた利用者は、杖をついて、急いで買い物に出かけ、途中で転倒し骨折、入院となってしまいました。入院先で利用者は「ホームヘルパーさんのお菓子を買いに行って、転んでしまった」と入院患者や看護師に話したため、病院のケースワーカーから「杖歩行の利用者が、ホームヘルパーが食べるお菓子を買いに行って転び、骨折したことをご存じですか」と、事業所に苦情の連絡が入りました。

★このように、思わぬトラブルに発展する可能性がありますから、初回の段階ではっきりと「お茶やお菓子は不要です」と断らなければなりません。もちろん、金品を受け取ることも厳禁です。

事例② 不適切な生活援助を断ったことで生じたクレーム

七十八歳で一人暮らし、要支援1の女性に、週一回、掃除でホームヘルパーが派遣となりました。一か月ほどサービスが続いたころ、利用者が「今日はいつもの仕事ではなく、網戸と窓ガラス、天井の掃除をお願いします」と頼んできました。ホームヘルパーは思わず「できません」と不機嫌な態度で返事をし、会話もなくいつもの掃除を行って帰りました。利用者はその態度に腹を立て、事業所にホームヘルパーの交代を申し出ました。

★「ホームヘルパーは法的サービスで定められていない生活援助は行わない」ということは、利用者も事前に了解しているはずですが、サービス提供責任者のコミュニケーション不足や、利用者の理解不足によってクレームが生じてしまうことがあります。

このホームヘルパーは、利用者が無理難題を言っていると思い、プロとしてのコミュニケーションを怠ってしまったのです。このようなときは、受容と共感の態度で、「網戸や窓ガラスは、いつごろから掃除していないのですか?」など利用者の訴えを傾聴することが必要です。共感したうえで、「法的サービスには限界がありますが、それ以外にもさまざまなサービスがありますので、責任者に相談しておきます。本日は、計画どおりの仕事を行わせてください」と、簡単にはできないことをていねいに説明しましょう。ホームヘルパーの独断で、不適切なサービスを行うことは、できるだけ避けましょう。

事例③　サービス提供責任者とのコミュニケーション不足で起こったトラブル

脳梗塞による右上下肢麻痺のある、八十三歳の男性（要介護2）は、七十九歳の妻と二人暮しです。介護の軽減を図るため、昼食介助にホームヘルパーが派遣されました。サービス提供責任者とホームヘルパーで初回訪問し、食事の配膳を行った際、ホームヘルパーが利用者に「ご自分で食べられるのですか？」と話かけたところ、利用者が「帰ってくれ！」と激怒しました。ホームヘルパーはなぜ利用者が怒り出したのかわからず戸惑っていたところ、妻が「自分で食べられるなら、頼みませんよ」と一言。

利用者は三か月前まで農作業を行い、近所の世話役をしていました。それが病気のため、食事すら他人の世話にならなくてはいけない状況になり、情けない気持ちでいたところに、「ご自分で食べられるのですか？」と言われ、やるせない心境に陥ってしまったのです。

ホームヘルパーはサービス提供責任者から、「右麻痺で食事介助が必要」程度にしか介助方法の説明を受けていなかったため、利用者に何気なく質問してしまったことが、今回のトラブルの原因です。

★ホームヘルパーには、介護される利用者の気持ちに沿った気づかいが必要です。ホームヘルパーの言葉に癒され、やる気が出て、目標達成ができる利用者もいるでしょう。しかし一方で、ホームヘルパーの言葉に傷ついて、やる気をなくし、サービスが困難になる場合もあります。
この事例では、サービス提供責任者が本人と家族に介助方法について同意を得ていなかった可能性が考えられます。サービス提供責任者は、利用者とホームヘルパーとの信頼関係を築くうえで、重要な橋渡し役を担っているという自覚が必要です。

安心できるホームヘルプサービスを提供するには、利用者との信頼関係を築くことが必要で、その手段としてコミュニケーションは重要です。気をつけなければならないことは、利用者や家族が、内容をどれくらい理解しているかを確認しながら、話（説明）を進めていくことです。一方通行にならないように、対人援助技術を生かしたコミュニケーションを図っていきましょう。

セクション1

日常生活介助における言葉かけ

① 起床のときの言葉かけ

CASE 1

「おはようございます。さわやかな朝ですよ」

一日のスタートとなる朝の挨拶はとても大切。きちんと挨拶を交わしたかどうかで、その日の気分も変わってきます。

起床のときの言葉かけは、どのような言葉を使うかということよりも、声をかけるときの明るい笑顔や声のトーンによって、「さわやかな朝」をイメージしてもらうことが大切です。

高齢者の中には、外に出る機会が少なく、ふさぎがちな人もいます。また、障害があるために外出困難な人も少なくありません。そんな人に対しても、ホームヘルパーが外の明るい雰囲気を利用者の居室に持ち込むことで、気分の高揚を促すことができるでしょう。

ただし、最近までサービスを拒否していたような援助困難な人や、障害を受けてからまだ間がなく十分に障害の受容ができていない人などは、元気すぎる挨拶や満面の笑顔が、かえって気に障ったり、気後れして黙り込んだりしてしまうことが考えられます。その時々の利用者の状態に合わせた挨拶を心がけましょう。

このように、利用者にかける言葉は、一つひとつ慎重に選択しなければなりません。そのうえで、声をかけるときの表情、しぐさ、声の大小やトーンにいたるまで、きめ細やかな配慮が求められます。

① 起床のときの言葉かけ

CASE 2

「よく眠れましたか？ どんな夢を見られたのですか？」「ご気分はいかがですか？ どこか具合の悪いところはありませんか？」

利用者と顔を合わせて最初にホームヘルパーが行うべきことは、利用者の心身の状態を知ることです。サービス提供者のなかで、利用者にとって最も身近な存在であるホームヘルパーは、その体調変化にいち早く気づくことができる存在でもあります。感知するのが早ければ、重篤な病状に陥ることを未然に防げる場合もあるでしょう。

対応の基本は、観察、状況の把握、行動の三点です。利用者と顔を合わせたら、まず顔色や様子などを観察します。次に、その観察で得られた情報から気になる点を利用者に確認します。「どんな夢を見られたのですか？」などと尋ね、利用者との会話を通じて、表情や声の調子などから、その日の状態を読み取るのも一つの方法です。また、いつもと様子が違うようであれば、「ご気分はいかがですか？」と直接尋ねてみるのもよいでしょう。

特に異常がなければ計画どおりの援助を行います。ただし高齢者の場合、何かの病気にかかっていたとしても、一般にみられるような症状があまり出ないことが多いものです。「熱が高くないから大丈夫」などと、安易に判断してしまうのは早計です。援助を行いながらも、必要に応じた質問や、やりとりを通じて、利用者の状況をつかむように心がけます。

もし、いつもと様子が違ったり、「具合が悪い」という訴えがあった場合は、事業所に連絡し、家族への連絡や医療職との連携について相談してください。また、心理面での落ち込みや不安感があるようなら、会話が弾むような明るい言葉かけを心がけましょう。

② 洗顔・整容のときの言葉かけ

CASE 3

「誰にも会わないからいいの？ 私がいるじゃないですか」

利用者の中には、一日のほとんどを家の中で過ごす人も多いのですが、朝起きて顔を洗い、髪をブラッシングして身ぎれいにすることは、衛生のためだけでなく生活に張りをもたせることにも役立ちます。「どうせ誰にも会わないのだから」と消極的な利用者には、「私がいますよ！」と明るく主張して、洗顔や整容によるさっぱりとした一日の始まりを習慣づけてもらいましょう。

なかでも介護予防の観点から、歯磨きを含む口腔ケアが重要視されるようになっています。ここでのホームヘルパーの業務は、本人が歯科衛生士や看護師などの指導を受けて、日常的に行う口腔ケアの援助です。

手が使えるのであれば、鏡を見ながら利用者自身に歯を磨いてもらいます。朝起きてすぐは、寝ている間にたまった細菌などで口の中がネバネバしていることが多いので、歯磨きが面倒という人には、うがいをしてすっきりしてもらいましょう。

麻痺がある人は、麻痺側の口の中に食べかすが残りやすく、口内で細菌が繁殖して歯槽膿漏《しそうのうろう》や口臭の原因になります。また、胃ろう（腹部から胃に通じる小さな穴を開けて管を通し、胃に直接栄養を注入する）などで口から食物を摂取しない人の口内環境は乱れがちなので、食事をしなくても口腔ケアが必要です。これらの人には、手袋をしてガーゼを巻いた指で、口の中をきれいにぬぐいます。

② 洗顔・整容のときの言葉かけ

CASE 4

「あの写真の女性は昔の○○さん？今日は写真のように、髪をまとめてみましょうか？」

ホームヘルパーは介助をすることが仕事ですが、サービスを提供している間、利用者の友好的な話し相手となって充実した楽しい時間を過ごしてもらうことも援助の一部です。和やかな会話を通じた心地よい人間関係のなかで、安心してホームヘルプを受け入れてもらえるように心がけましょう。

たとえば、朝の援助活動で身だしなみを整える手伝いをするときなどは、お互いに緊張しがちな移動・移乗を伴う介助に比べて、リラックスした会話をしやすいと思います。外出の予定がなくても、洗顔とともに髪をとかし、簡単なスキンケアをしながら、会話できる時間をつくるようにします。天気や季節、行事などの話から始めて、利用者にとって関心のある事柄や生活歴などに話題を広げていくとよいでしょう。

利用者と心を通わせるためには、相手を理解しようとする姿勢をもつことが大切です。一人ひとりが発している情報をうまくキャッチし、それに応じた会話をすることは、相手の信頼を得ることにつながります。そのための情報は、本人が話す言葉や表情、声の調子に最もよく表れますが、持ち物や服装、生活空間にある物やその配置などもヒントになることがあります。そう考えると、利用者のお宅を訪問するホームヘルプの仕事では、話題となる事柄が尽きないでしょう。

ただし、利用者にとってふれられたくないことや、プライベートな問題をあれこれ詮索することは避けなければいけません。また、その会話を単なる雑談で終わらせるのではなく、利用者の隠れたニーズや、その一端を聞き逃さないようにして、よりよいサービスにつなげていきたいものです。

③ 着替えのときの言葉かけ

CASE 5

「今日はどんなご気分ですか？」「お洋服はどれにしましょうか？」

たとえ外出をしなくても、朝、服を着替えることは、寝起きの状態から気分を変える一日の大切なプロセスです。

ホームヘルパーは着替えのお手伝いをすることがありますが、その際も、自分の考えを利用者に押しつけるようなことがあってはいけません。利用者への声かけは、「こうしましょう」という指示的な口調ではなく、「どうしましょうか？」「どちらがよいですか？」と、考えを引き出したり、提案したりするかたちで進めていきます。

ホームヘルパーが、利用者の行動や選択を促すためのお膳立てをすることが望ましいのですが、先まわりをして何でもやってしまっては、よい結果をもたらしません。多少時間がかかったとしても、できるだけ一つひとつ、利用者の判断を仰ぐことを心がけてください。

援助の基本は、利用者の必要に応じて行うことです。利用者の性格や置かれた環境を考慮し、要望をよく聞いて、あくまで利用者本位のサービスを提供します。それによって利用者も、「この人は自分のことを尊重してくれる」と感じ、あなたを信頼するようになるでしょう。利用者との信頼関係を築くことは、サービスの円滑な進行のために、とても大切です。

また、利用者の中には、その必要はないにもかかわらず手伝ってほしがる人や、反対に、困難な障害があるのに自分でできるから手出ししないでほしいという人もいます。こうした場合の対応としては、できることは本人にやってもらう、というのが原則になります。「できないところがあれば手伝いますから、遠慮なく言ってくださいね」といった具合です。

ホームヘルプの本来の目的は、あくまで利用者の自立を促すこと。本人の意思を尊重しつつ、少しでも自立につながる機会を生かしていけるとよいですね。

③ 着替えのときの言葉かけ

CASE 6

「ピンク色がとても似合いますね」「花柄がよく似合っていますよ」

社会生活においては、時と場所、状況に合わせた服装をするのは当然のことです。利用者の中には、外出用におしゃれな服を用意している女性もいます。鏡をのぞきながら、晴れやかな顔で身じたくする姿を見ていると、こちらもうれしくなります。

着替えの介助が必要ないときでも、利用者の様子を見ていて気がついたよい点を伝えれば、一日を元気に過ごそうという意欲を後押しすることにつながるでしょう。男性の場合は、「ネクタイも似合いそうだけれど、ポロシャツも爽やかでいいですよ」「その腕時計、今日の服装を引き立てますね」と、ポイントを絞ると、ほめられていることを実感しやすいかもしれません。

また、服装を通じて会話を引き出すこともできます。「今もこんなに素敵だから、若いころはどんなにか素敵だったんでしょうね」と感嘆して言ったところ、利用者ものってきて「私の若いときはね……」と昔を懐かしんで会話がはずんだ事例もあります。

●口先だけで「似合う、似合う」とはやし立てても、すぐにバレてしまいます。むやみにほめる習慣をもつよりも、ホームヘルパー自身が「人のよい点を見つけ、それを相手に伝えるのがうれしい」と感じる心を養うことのほうが大切です。

③ 着替えのときの言葉かけ

CASE 7

「今日は少し寒いので、厚手の物に着替えましょうか?」

着替えを楽しみの一つにしている人もいますが、高齢の利用者はどちらかというと、同じ服を着ることを好み、あまり着替えをしたがらない人が多いようです。

こうした場合、まずは理由を確認しましょう。衣服に無頓着なのは、個人の生活習慣によるものでしょうか。それとも、経済的な理由で新しい服を買うことに抵抗があるのでしょうか。いずれにしても、できるだけ利用者の意思を尊重したいところですが、もし、あまりに汚れがひどかったり、異臭がするようであれば、利用者の健康を損ねる恐れがありますから、何らかの対処が必要です。

「この服の組み合わせ、○○さんに似合いそうですね。試しに着てみませんか?」

「ちょっとこれを着てみていただけますか？　服の大きさを見たいのですが……あら、ぴったりですね」といったように、清潔な服に着替えてもらえるよう、声かけを工夫してみましょう。失禁などで衣服を汚してしまった場合は、「汚れたので着替えましょう」ではなく、「今日は少し寒いので、厚手の物に着替えましょうか？」などと、失禁以外にも着替えの理由づけをする配慮ができるとよいですね。

また、寒がりで、何枚も重ね着をしたがる人がいますが、度がすぎると動きが鈍くなり、転倒などの危険もあります。高齢になると体温調節がしにくくなることや、じっとしている利用者は忙しく動きまわっているホームヘルパーにくらべて寒く感じやすいことなどを考慮したうえで、薄手でも暖かい服をさりげなく勧めてみましょう。

身なりをきれいにしておくことは、精神面にもよい影響をもたらします。引きこもりがちな利用者には、「明るい色の服を着ると、気持ちも積極的になりますよ」と、心の健康にもプラスになることや、身だしなみを整える楽しさを伝えることも大切です。

④ 食事のときの言葉かけ

CASE 8

「食べて元気になってくださいね」「食べるとお肌がきれいになります」

食事は、毎日の生活の中でも、とても楽しみな時間の一つです。行動の制限が増えてくる高齢者にとっては、食事がいちばんの楽しみという人もいるでしょう。その一方で、味覚や嗅覚の低下とともに食欲が減退し、食べることがおっくうになってしまう人もいます。食事においても、利用者の状況に合わせた言葉かけが必要です。

食事はおいしく楽しく食べていただくことが基本です。せっかく作った食事を残されるのは心外かもしれませんが、食べることを強制してしまっては、お互いに楽しくないですし、ホームヘルパーに対する不満の原因にもなるでしょう。しかし、あまりに食欲がなく、いつも半分以上残すとか、ほとんど食べない日がある場合には、利用者の体調が心配です。食べられない理由をさぐり、何らかの対処をすることが必要になってきます。さらに言えば、利用者の健康のためには、できれば好きな物ばかりではなく、バランスよく食べてもらいたいところです。

食事を勧めるときは、「食べないと病気になります」「残さず食べないともったいないですよ」と心理的な負担をかけるよりも、「何が食べたいですか？」「どんな物が食べられますか？」「食べて元気になってくださいね」と個人の好みを考慮しながら、食欲が増すような言葉かけをするほうが喜ばれます。また、「食べるとお肌がきれいになります」「ヨーグルトは身体の免疫力を上げるので、病気を寄せつけなくなりますよ」などと、食材の効用を個別にお話ししてみてはどうでしょう。一品ずつでも箸が進むようになればよいですね。

食べられないのが意欲の問題であれば、利用者のそばについて、一皿食べるごとに励ましの言葉をかけるのも効果的です。最後には「あと二口、頑張って！」「わぁ、すごい！ 完食しましたね」と、食べ終えた満足感や喜びを分かち合いましょう。

④ 食事のときの言葉かけ

CASE 9 「のどにつかえたらたいへんなので、お茶を飲みましょう」

歳を重ねるにつれて、味覚や嗅覚が衰えてきて、食品の鮮度がわかりにくくなったり、濃い味つけを好むようになったりします。ホームヘルパーは、そういった加齢による独特の変化を踏まえたうえで利用者の食事を介助し、かつ利用者の思いをできるかぎり尊重しなければなりません。利用者の意思どおり進めることが必ずしも利用者の利益につながらないことも多く、なかなか難しいところですが、逐次、サービス提供責任者や事業所に報告・相談しながら、少しずつ利用者の理解を求めていきましょう。

加齢による変化として、咀嚼《そしゃく》力や嚥下《えんげ》力の低下もあります。このため、高齢になると食事に時間がかかるようになるのは当然のことです。また、ひと口に高齢者といっても、まったく健康な人から総入れ歯の人、歯周病の人、嚥下障害のある人など、さまざまです。食事を急がせることは、消化不良をまねいたり、誤嚥の原因になったりしますので、基本的には一人ひとりのペースに合わせるようにします。もし、いつまでも箸が動かないような場合は、「あら、その梅干し、軟らかくておいしそうですね」などと一言かけることで、うまく食事を促せることもあります。しかし中には、食事のときに何かと声をかけると、煩わしく感じる人もいます。その場合は、作ったメニューを説明する程度にとどめ、静かな環境で食べていただくのがよいでしょう。

健康な人でも、嚥下力は加齢とともに次第に低下していきます。固形物を食べる合間に、しっかり水分を摂っているかどうかに目を配るようにして、必要なら声かけを行い、誤嚥予防のためにお茶などを飲むように促しましょう。頭が後ろに反って、のどが開いた状態では誤嚥しやすくなるので、利用者の姿勢も注意して観察するようにしてください。

④ 食事のときの言葉かけ

CASE 10

「外は桜の花が満開です」「今日はニンジンを花びらの形にしてみました」

食事に対する関心が薄れてしまっている人には、食事の楽しさを感じてもらえるような工夫をすることが大切です。華やかな食卓を演出できれば、利用者も毎回の食事が待ち遠しくなるでしょう。

だからといって、いつも高級な食材を使い、手の込んだ料理ばかり作るのがよいということではありません。そんなことをしていては、経済的な負担がかさみますし、時間内に業務を終えることができなくなってしまいます。しかしたとえば、何か一品新しい物を作ったり、いつもの料理にひと手間加えるだけでも、随分と食べる側が受ける印象は変わってくるものです。

季節や郷里の料理など、利用者に興味をもってもらえるようにアイデアをひねるのも、ホームヘルパーの腕の見せどころ。障害などのために外出ができない人には、特に季節が感じられる物を、折々に食べていただきましょう。

それでは、先輩ホームヘルパーの工夫例をいくつか紹介しましょう。こうした一言を添えるだけで、食卓が華やぐ気がしませんか。

・吸い物に梅や桜の形の餅麩や野菜を浮かべて「梅（桜）の花が咲き始めました」
・色とりどりの野菜を使って「山の紅葉がきれいでした」
・白和えを作り「雪の便りが聞こえてきたので、粉雪のイメージで」

④ 食事のときの言葉かけ

CASE 11

「今日は漬け物をがまんしたので、一ポイント獲得ですよ」

高血圧症や糖尿病などの病気で食事制限がある場合には、特別食への対応が必要です。たんぱく質、脂質、塩分、水分など各栄養素が病気によって個別に制限されますが、いくつもの制限が重なることもあります。茶碗に少しのご飯しか食べられない人もいて、見ているこちらも、何とかならないものかと思ってしまいます。

自由に食べられないわけですから、特別食を嫌がる人は少なくありません。「今死んでも構わない。最後くらい、おいしい物を食べさせてくれ」とまで言う人もいます。どうしても「がまんして」という言葉が出てしまいがちですが、本人が食べたくないと思っていては、せっかく無理をして食べても、よい栄養にはなりません。

あれもダメ、これもダメでは気が滅入ってしまいますから、発想を転換しましょう。「○○を食べてはダメ」という減点法ではなく、「○○を食べたから、△点プラスですよ」と言い換えるだけでも気分が変わってきます。「(肉は少なめで)野菜たっぷりの炒め物と、(みそ汁ではなく)お吸い物だから、全部食べたら二ポイントです!」といった具合に、利用者が喜んでくれるような言葉かけをして、食卓を楽しくしたいですね。

また、実際の測定値を目標にすることもできます。たとえば糖尿病なら、測定器を使って血糖値を調べる習慣をつけてもらうのです。前夜の食事が翌朝の血糖値に反映されやすいので、病気と食事の関係がつかみやすくなります。

管理栄養士の協力を得て、「一日にこれだけなら、お菓子を食べても大丈夫」などと、あらかじめ相談して決めておけば、食べられないストレスを軽減することもできるでしょう。

何よりも、利用者に合った方法を見つけることが大切です。いずれの場合も、特別食は医療職との綿密な連携のもとで進めていく必要があります。

④ 食事のときの言葉かけ

CASE 12

「お酒は絶対にダメです。さあ、食事をしてください」

たとえ利用者の頼みごとでも、明らかに本人の健康や日常生活に支障をもたらすようなことであれば、引き受けてはなりません。その場で断固として断ります。たとえばアルコール依存症の人から酒類を買うように言われたときは、「できません」とはっきり拒否します。あいまいな返事ではなく、強い態度で厳しく接してください。

自己決定の尊重は、あくまで利用者の利益になる場合です。いくら本人の意思だからといって、アルコール依存症の人にみすみす酒を渡してしまっては、家族や医師、ケースワーカー、ケアマネジャーなどによって行われてきた援助がすべて水の泡になってしまいます。さらには、それまで懸命に断酒をしてきた本人の努力をも裏切ることになるかもしれません。

しかし、アルコールの欠乏が暴力につながることもあります。できないことを明確に告げ、「食事をしてください」と伝えるべきことを伝えたら、深追いはしないようにしましょう。酒を無理やり取り上げて隠すようなことをすると、反感をかって信用されなくなったり、酔っぱらった利用者が自分で酒を買いに出てトラブルを起こしたりするなど、ますます状況を悪化させることになります。

ホームヘルパーの役割として重要なのは、普段の援助の中で、アドバイスをすんなり受け入れてもらえるような信頼関係を築くことです。また、一人で対処しようとせず、日ごろから、他職種やほかのホームヘルパー、事業所などと利用者の情報を共有するようにします。いざというときに、各関係者が的確に行動できる態勢を整えておくことが大切です。

●ホームヘルパーの役割として、もう一つ大切なことがあります。アルコールを多飲すると胃腸が食べ物を受け入れにくくなりますから、胃腸に優しい食事を用意し、それをしっかり食べて栄養をつけてもらうことです。

⑤ 排泄のときの言葉かけ

CASE 13

「トイレに寄ってから出かけましょう」

できれば人に見られたくないと誰もが感じる行為の一つが排泄です。すでに何らかの介護を受けている人でも、排泄だけは介助されたくない、そうなったら自分もいよいよ人の世話になるだけの存在だ……などと悲観的な思考に陥ってしまうかもしれません。利用者にとって、排泄介助は最後の砦《とりで》のようなもの、それだけに援助する側にとっても対応が難しく、注意を払うべきと考えてください。

声かけは、利用者が羞恥心や罪悪感をもちやすい行為であることを考慮して、慎重に言葉を選ぶことが大切です。利用者が引け目を感じているようであれば、「遠慮する必要はないですからね。私たちは○○さんに気持ちよく過ごしてもらいたいのです」と、できるだけ言葉にして伝えるようにしましょう。

ホームヘルパーがいる間ずっとがまんしていて、ストレートに「トイレに行きましょう」と言っても行きたがらないような人には、「玄関にある素敵な絵を見せてほしいのですが……一緒に行ってもらえますか?」「お天気がよいですね。散歩に行きましょう」などと誘い、まず立ち上がってもらうことが第一歩です。様子を見て「そういえば、トイレは大丈夫ですか?」と、それとなく誘導します。外出前に、「トイレに寄ってから出かけましょう」と言うのも、自然です。

失禁がみられる利用者であれば、外出前には必ず排泄を促します。この場合は、本人に尿意や便意がなくても、排泄を習慣づけるために便器に腰かけ、お腹に軽く力を入れてもらいましょう。トイレに腰かけている間、ホームヘルパーは席をはずします。また、「まだですか?」などと度々声をかけてはいけません。排泄の習慣がつくまでには時間がかかるので、「こうして座るのは練習だと思ってくださいね。最初はなかなか出ないものです」と、あらかじめ話しておくと、利用者もリラックスして排泄しやすくなります。

⑤ 排泄のときの言葉かけ

CASE 14

「たくさん出てよかったですね」「苦しかったでしょう。頑張りましたね」

オムツ交換やポータブルトイレの使用時には、利用者が「悪いねぇ」「ごめんね」と言うのをしばしば耳にします。自分の汚物を誰かに処理してもらうことに羞恥心や罪悪感を覚えるのかもしれません。そんなときは、「今日もしっかり出てよかったですね」「たくさん出てよかった。今まで苦しかったでしょう」と、その気持ちを和らげるような心のこもった一言がほしいところです。

オムツ交換をするときは、ホームヘルパーが行う援助の手順を知らせるほか、天気のことや利用者の体調について話しながら自然体で接するようにします。作業が終わったら「大丈夫でしたか？　痛いところはないですか？」という言葉かけをすると、安心されることが多いようです。

こんなエピソードがあります。便秘がちな利用者Yさんの排泄介助で、便が気持ちよくたくさん出たときのこと。ホームヘルパーのEはとっさに、「神様ありがとうございました。これで今夜よく眠れます」と、Yさんに代わって、大げさに祈りを捧げるジェスチャーをしたのです。後日、Yさんは、家族とEが顔をそろえているところで「自分の排便をあんなに喜んだのは、あんたが初めてだよ」と大笑いされ、楽しいだんらんのひとコマになったそうです。

私の失敗談

利用者のオムツを開いた途端に多量の便が漏れ出てきて、「うわー、どうしよう」と言ってしまったことがあります。利用者も申し訳なさそうな顔をされ、その後しばらくは無言でした……。慣れないことで思わず声を上げてしまい、後悔しましたが後の祭りでした。(R・O)

☆口に出した言葉は取り消せません。もし不愉快なことを言ってしまったら、後でしっかりフォローをするしかないですね。

⑤ 排泄のときの言葉かけ

CASE 15

「今日はバナナのようで立派！」「空っぽ。残念でした」

くり返しになりますが、排泄は、最も人に見られたくない行為であり、他人の世話になりたくないと考えている人が大半を占めています。その排泄介助の時間が、かえって利用者との良好な関係づくりのきっかけになった例を紹介します。

ホームヘルパーTが仕事を始めて間もないころのことです。利用者Sさんは、二年前に脳梗塞を発症し、後遺症として右片麻痺が残り、調理と排泄の介助を必要としていました。ある日、Tは排泄のためにSさんの身体を支えながらトイレに連れて行き、終わり次第、声をかけてもらうことにしました。名前を呼ばれて中に入った瞬間、トイレの中には便の臭いが立ちこめていました。驚いたTは、黙ったまま急いで水を流してしまったのです。Sさんは、残念そうな顔をして言いました。「あら、流してしまったの？」

後で聞いてみると、Sさんは自分でどんな便かを確かめたかったと言うのです。Tはすぐに「すみません」と謝り、「そういえば、自分も排便後はいつも便の状態を確認しているな」と思い出して、申し訳ない気持ちでいっぱいになりました。

それ以来、Tはすぐに水を流さず、Sさんと一緒に便の状態を確認するようになりました。「今日はバナナのようで立派ですね」「今日は少し難産のようでしたが、大丈夫ですか？」「今日はちょっと小さめですね」「今日は空っぽ。頑張ったのに残念でした」などと、面白おかしく表現するようになり、その度に二人でトイレの中で笑い合いました。Sさんとはそれがきっかけでよい関係が続き、それが伝わったのか、家族からも信頼されるようになったそうです。

●必ずしもこういった対応が喜ばれるとは限りませんが、Sさんの人柄には、ぴったり合っていたようですね。

⑤ 排泄のときの言葉かけ

CASE 16

「腰にバスタオルをかけましょう。すぐ終わりますからね」「苦しくないですか？気分はいかがですか？」

排泄介助の際、利用者には、常に羞恥心が伴います。中には、オムツ交換やトイレでの介助を嫌がる利用者もいるでしょう。家族にやってもらうからいいと言う人もいます。しかし、オムツの中の排泄物をそのままにしておくと、衛生状態が悪化して周囲の皮膚がただれてしまいますし、排泄をがまんし続けることは、利用者の身体にたいへんな負担をかけることになります。

羞恥心に配慮しすぎて援助を躊躇《ちゅうちょ》していては、利用者を不安がらせてしまい、ひいてはほかの援助に対しても「この人に任せて大丈夫だろうか」という思いを抱かせてしまいかねません。また、「恥ずかしいですよね」などと言いながら遠慮がちに援助を行えば、利用者の羞恥心がかえって増すことにもなります。

初めは恥ずかしがっていた利用者も、慣れてくると、羞恥心より快適さを求める気持ちが強くなることが多いので、何よりも心地よさを感じてもらうことが大切です。着替えや交換用のオムツなど必要な物はすべてそろえて、「準備万端ですからね。すぐに終わりますよ」と、不安を和らげる声かけも必要でしょう。

オムツ交換は、練習と実践を重ねることで、手際よくスムーズに行えるようになります。初めのうちは難しいかもしれませんが、利用者の腰のあたりにバスタオルをかけて、その下での交換ができるようになるとよいでしょう。交換がすんだら、「苦しいところはないですか?」「気分はいかがですか?」と、必ず本人に確認します。

●手早く行うことは大切ですが、慣れすぎて利用者の羞恥心を読み取る感覚が鈍らないように気をつけましょう。

⑥ 入浴のときの言葉かけ

CASE 17

「大丈夫ですよ。私に任せてください」

入浴介助においては、利用者に安心感を与えることが大切です。ホームヘルパーが緊張する場面と、利用者が不安をもちやすい場面とが、コインの裏表の関係にあることに気づいているでしょうか。介護のスペシャリストであるホームヘルパーには、自分が緊張を強いられる場面でこそ、利用者に不安を与えない自然な笑顔と心強い言葉かけができるよう、技術を磨いていくことが求められます。

利用者に「自分の身体をこのホームヘルパーに預けても大丈夫」と信頼してもらえるように、「私に任せてください」という気持ちで介助することが大切です。ホームヘルパー自身が不安に思っていると、態度も言葉も頼りないものになってしまいます。入浴に苦手意識のある利用者の場合などは特に、顔をしっかり見て、「大丈夫ですよ」と安心させるように言い聞かせることも必要でしょう。湯船に入るときなどは「しっかり支えているから大丈夫」と事前に言葉をかけると、怖がらずに行動に移すことができます。

ほかに、入浴に対する不安を和らげるために、さまざまな工夫をすることもできます。たとえば、さりげなく腰のあたりにタオルをかけるといった羞恥心への配慮です。湯から出ている部分が大きいときには、肩にタオルをかけるのもよいでしょう。そのタオルの上からゆっくり湯をかけ流したところ、「とても温かくて気持ちがよい」と喜ばれたという事例があります。また、直前に浴室の床にお湯を流して「服を脱いでしまうと寒いですから、お風呂場を温かくしておきました」と伝えることで、脱衣に対する抵抗感を和らげることができたケースもあります。

●利用者を不安にさせないように、「大丈夫ですよ」という言葉はよく使います。先輩ホームヘルパーの声かけに耳を傾けてみましょう。

⑥ 入浴のときの言葉かけ

CASE 18

「流したりないところはありませんか？」「熱くないですか？」

入浴は、高齢者や障害者にとっては体力を消耗し、身体に負担をかける行為です。また、浴室は滑って転倒するなどの事故が起きやすい場所ですから、ホームヘルパーとしては、かなり緊張しながら介助を行わなければなりません。とはいえ、介助の手順ばかりを気にしていると、どうしても利用者への言葉かけが少なくなってしまいます。内容は当たり前の声かけで構いませんから、相手の気持ちになって、心を込めて言葉をかけるようにしましょう。

入浴では特に、細かい動作一つひとつについて声かけをすることが大切です。なぜなら、ホームヘルパーが次に何をするのか、その行動がわからないと利用者は不安になってしまうからです。「湯かげんはいかがですか？」「かゆいところはありませんか？」「お湯をかけるので、目をつむってくださいね」「シャンプーをします」「流したりないところはありませんか？」「背中をこすります。強さはこれくらいでよいでしょうか？」といったように、状況に応じて言葉をかけていきます。

あまりうるさすぎると、利用者もうんざりしてしまうかもしれません。しかし、明るく思いやりのある対応であれば、よほどのことがないかぎり、黙々と手順を踏むような介助よりも、ずっと気持ちよくサービスを受けることができるはずです。

入浴の前には必ず「気分はどうですか？」と体調を確かめます。脱衣する前に、ホームヘルパーが湯温を確認し、入浴時には利用者に一度、湯船に手を入れてもらい、「熱くないですか？」と湯温を確認してもらいます。

入浴後は疲れが出ますので、声かけのテンポを落としたり、声のトーンを下げたりして、利用者の疲れ具合に応じた声かけを行ってください。ホームヘルパーにとってもたいへんな介助ではありますが、最後には利用者に対し「お疲れさまでした」の一言を忘れずに。

⑥ 入浴のときの言葉かけ

CASE 19

「さっぱりして、よく眠れますよ」「温めると痛みが和らぎますよ」

多くの利用者にとって、入浴は楽しみの一つです。ただ、中には入浴の動作がおっくうになってしまうのか、なかなか入浴したがらない人や、もうずいぶんとシャワーも洗顔もしていないという人がいます。拒否のある利用者にどうにか入浴してほしいからといって何度も声かけをくり返していると、利用者は無理強いされていると感じてしまい、さらに拒否が強くなってしまいがちです。

何度か声かけをしても利用者の気がのらないようであれば、「こんな暑い日に入りたくないですよね」などと共感し、話題を変えて外の様子について話すなど、しばらく世間話をしてみてはいかがでしょうか。入浴拒否のことは忘れ、気分の落ち着いたところで何げなく「お風呂に入りましょうか？」と誘ってみると、案外、スムーズにいくことも多いのです。

また、入浴の喜びやありがたさについて話をすると、「そうだねぇ」と納得してくださる利用者もいます。「思いきって入ると、さっぱりしてよく眠れます」「身体が温まって痛みが和らぐし、気持ちいいですよ」「お風呂に入って血行がよくなると、身体が軽く感じられますよ」「腸の動きが活発になるので、お通じがよくなります」などの声かけを試してみてください。

入浴を拒み続ける人には、根気強く接して信頼関係をつくり、タイミングをみて実施するようにしましょう。入浴の日はまず、声をかける前に、いつでも入れるように準備を整えておくことが大切です。「お湯は入れてあるし、着替えもそろえてあります。○○さんは入るだけで大丈夫ですからね」と誘います。

久しぶりの入浴であれば、刺激が強すぎないように湯の温度はぬるいぐらいがちょうどよいでしょう。入浴を習慣づけるには、疲れを感じさせないよう、初めのうちは素早く手短かにすませるのがポイントです。

⑥ 入浴のときの言葉かけ

CASE 20

「湯あたりするといけないから、そろそろ上がりましょう」

ホームヘルプサービスを受ける利用者は、心身のどこかに不調を抱えています。見た目は健康そうな人も多いので、業務に慣れてくると、いつの間にかそのことを忘れて普通に接してしまいがちです。入浴などの際には、健康面で細心の注意を払う必要があることを忘れてはなりません。ここでは、ホームヘルパーMが、長湯が好きな利用者の入浴介助で、ヒヤリとした経験をご紹介します。

Mがホームヘルパーになって一年目のことです。自宅での入浴を楽しみにしているAさんは七十歳の男性。排泄は自立していますが、認知症があり要介護3。一週間ぶりの入浴でした。

寒い冬の日のことで、Mは湯船につかったAさんの肩にかけ湯をしながら「湯加減はどうですか?」と確認し、季節の話などをしていました。Aさんもリラックスして、ニコニコしながら「いいのう」とご機嫌です。

腕時計で時間を確認して「そろそろ上がりましょう」と伝えましたが、Aさんに上がる気配はありません。一分、二分と過ぎ、もう一度促しましたが、Aさんは動きません。努めて明るく快活な声で、「さあ、もう上がりましょう!」と大きな声を出すと、やっと立ち上がってくれましたが、Aさんの顔は上気し、呼吸が少し荒くなっていました。「しまった、長湯をしてしまった」という焦りを抑え、Aさんには水を飲んで呼吸を整えてもらいました。この日、Aさんは早々に寝室で横になり、大事には至りませんでした。湯あたりが軽くてよかったものの、あと少し、出るのが遅かったら……と考えると、Mは冷や汗が出る思いでした。

●長湯をしがちな利用者には、身体に負担をかけないよう、「上がってお茶でも飲みましょう」などと、早め早めにタイミングよく声かけをしたいものです。また、風呂上がりには湯冷めにも注意しましょう。

⑥ 入浴のときの言葉かけ

CASE 21

「足がよく上がるようになりましたね」「自力で入れましたね」

入浴は、血行がよくなり関節痛などの痛みも軽減されるので、生活の中で行うリハビリテーションとしては格好の場です。また、利用者にとっては、病院などで行っているリハビリテーション訓練の成果を発揮する場の一つでもあります。入浴にかぎらず、利用者が自分でできることが増えたときや、やろうと努力しているときなどは、応援したりほめたりすることで、その「頑張ろう」という気持ちを支える言葉かけをしたいものです。

浴室の中で本人の手の届くところが増えて、自分で石けんやブラシを取ることができたとき。手すりにつかまって立っていられる時間が長くなったとき。自力で浴室の床から湯船に移ることができたとき……。「以前はできなかったのに、すごいわ。毎日の生活の中で、よく動いて頑張ってらっしゃるのですね」と、機能向上や日々の努力を認める言葉かけをすることで、次への意欲につながります。

生活の中でできるだけ身体を動かすことは、とても重要です。利用者が達成できたことをともに喜び、頑張ろうとする気持ちに共感することで、利用者の意欲を伸ばすお手伝いができるといいですね。

●医療の専門職ではありませんから、「利用者に機能訓練をさせている」などという思い違いをしてはいけません。あくまで利用者のやる気を支えるのがホームヘルパーの役割です。

私の失敗談

夏の暑いときに「汗をかいて汚れているといけないので、お風呂に入りませんか？」と尋ねると、「汚くないわ！」と、ムッとされてしまいました。(Y･K)

☆「きれいになりましょう」と言ったら、不機嫌になってしまったという話も。それが入浴の目的なのですが、言葉というのは難しいものです。

⑥ 入浴のときの言葉かけ

CASE 22

「○○を一緒に歌いましょう」「民謡はお好きですか？」

相手にとって興味のあることを知り、そこにうまく合わせることは、よい関係づくりの基本です。入浴介助の場面では、利用者と一緒に歌を歌うことが、利用者との心の距離を近づけ信頼関係を結ぶきっかけになることがよくあります。

ホームヘルパーの体験をいくつか紹介しましょう。

・初めは少し恥ずかしかったのですが、「歌でも歌いますか？」と私が歌い出すと、利用者も一緒になって歌ってくださいました。入浴後、「歌って気持ちよかった」と話され、それ以来、気が向くと歌いながら入浴を楽しまれています。

・入浴の介助中に民謡や昔の歌を歌ったところ、利用者も一緒に歌い出し、楽しそうにされていました。それまで利用者が歌うのを聞いたことがなかった家族も、「聞けてうれしい」と楽しそうでした。

・歌が好きな利用者と聞いていたので、入浴介助の際にさっそく「○○さん、温かいお風呂に入って私の歌う『荒城の月』を聞いてくださいますか？」と言うと「いいね」という返答。結局、利用者が大好きな『二人は若い』『リンゴの歌』などを一緒に歌いました。そうやって最初に打ち解けてもらえたおかげで、ほかの業務もスムーズに進み、その利用者とは今もよい関係が続いています。

⑦ 体位を変えるときの言葉かけ

CASE 23

「初めは窓側を向きますよ。1、2、3!」「次は、私のほうを向いてください」

寝たきりの人や、身体が思うように動かせない人を介護するときには、本人が寝返りをうつ代わりに、ホームヘルパーが身体の向きや位置を変える必要があります。その目的は、ご存知のように、同じ姿勢を続けることによる身体の痛みを防ぐことと、褥瘡《じょくそう》の予防です。

体位変換を行う場合、まずは「同じ姿勢でいると身体が痛くなりますから」「床ずれ（褥瘡）ができてしまうと、痛いし、なかなか治らなくてたいへんなのですよ」と、なぜ体位変換が必要なのかについて、十分理解してもらえるまで丁寧に説明します。その際、「しっかり支えて動かしますから、安心してくださいね」と、頼りがいのある堂々とした態度で接することができるとよいでしょう。

そして、手順を説明し、実際の介助に移ります。おすすめは、「初めは窓側を向きますよ。1、2、3！」と、目標物を示すことで向いてほしい方向を明確にし、タイミングがわかるようにかけ声をかけることです。「こっち」「あっち」では、どこを向いてよいかわかりません。どう動けばスムーズに介助してもらえるのか、利用者も知りたがっているはずですから、きちんと説明し協力してもらいましょう。体位変換がすんだら、「どうですか？　この姿勢で苦しくないですか？」と、確認することを忘れずに。

また、利用者の睡眠中にも体位変換をすることがあります。この場合は、事前に、寝ている間にも身体を動かすことがあると説明しておきます。そして、実際に行う時には、利用者が寝ていても「身体の向きを変えますね。起こしたらごめんなさい」などと、確実に声をかけます。

もし万が一、褥瘡ができてしまったら、ホームヘルパーは勝手な判断をしてはいけません。サービス提供責任者に相談し、適切な医療的処置が行われるよう、家族や本人を支援します。

⑦ 体位を変えるときの言葉かけ

CASE 24

「めまいは大丈夫ですか？気持ち悪くありませんか？」

体位変換を行うとき、最も気をつけるべきことは、利用者を驚かせないようにすることです。動かす前に声かけをするのはもちろんですが、利用者にその声かけがきちんと届いているかどうかを見極める必要があります。相手が次に起こることを理解できていないうちから、自分勝手に利用者の身体を動かし始めては、「ホームヘルパーにびっくりさせられた」と言われても仕方がありません。「右を向きましょう」と言いながら利用者の肩をつかむなど、口と手が一緒に動いてしまわないように気をつけましょう。

利用者の身体をいきなり動かすことは、本人を驚かせてしまうばかりでなく、めまいを起こさせる原因にもなります。寝ている人が急に立ち上がったり、上半身を起こして半座位になったときに、起立性低血圧によるめまいを起こすことがあります。長時間、同じ姿勢で過ごしている寝たきりの人の場合、体位変換をしただけで、めまいが起きてしまうことがあるのです。このほか、起立性低血圧には動悸やふらつき、失神などの症状があります。体位変換時は、無理のないように身体をゆっくり動かすことが大切です。また、これらの症状は起立性低血圧以外にもさまざまな原因が考えられます。気になる症状があったときは、サービス提供責任者に速やかに報告しましょう。

私の失敗談

利用者からの返事がないので、「身体を動かしますよ。いいですか？」と、くり返し声をかけたら、「うるさい！」と言われてしまいました。この経験から、こちらに顔を向けるなど、呼びかけに対する利用者の反応があってから、改めて「身体を動かしていいですか？」と尋ねる必要があることに気づきました。(T・K)

☆確かに、誰と接する場合でも、相手の反応を待ってから用件を伝えるほうが、受け入れられやすいようです。

⑧ 掃除・洗濯のときの言葉かけ

CASE 25 「若輩者が偉そうに言ったりして、ごめんなさい」

自分ではしっかりやっているつもりなのに、人からはなかなか評価してもらえない――ホームヘルパーの業務においても、こんな経験をすることがあると思います。一生懸命やっても、利用者の信頼を得ることが難しいというのは、よくあることです。これにはいろいろな理由がありますが、第一に考えられるのが、利用者とホームヘルパーの間にみられる価値観の違いでしょう。

人は、その個人が生きてきた環境によって、考え方や行動様式が異なります。利用者にはそれぞれ個別の生活歴があり、価値観は千差万別です。自分がよかれと思ってとった行動が、利用者にとっては失礼なものであったり、反感をかってしまうことは往々にしてあり、業務に慣れたホームヘルパーでも、それを一〇〇％予測することはできません。特に主婦として長年、家庭を切り盛りしてきた利用者であれば、掃除や洗濯の仕方など、かなり細かいところまで「自分のやり方」があり、それに沿わないと気に入らなかったり不安になることがあります。また、高齢になると新しい考えを取り入れるのが苦手になり、これまでの経験だけに頼って生活することになりがちです。ホームヘルパーが「ちょっと手順を変えるだけで楽になるのに……」などと思っても、利用者が新しい提案を受け入れることは、こちらの想像以上に難しいものなのです。

ですから、もし掃除や洗濯などの生活援助の際、相手の気分を害したと察知したら、基本はすぐに謝ること。そして「どうしたらいいでしょう?」「こうしたほうがいいですか?」と利用者の意向を確かめるようにしてください。どうしても改善したほうがよいことであれば、一度にすべてを変えるというのではなく、時間をかけて少しずつ提案を受け入れてもらえるようにしていきましょう。

⑧ 掃除・洗濯のときの言葉かけ

CASE 26

「そういった用件は、お受けできないことになっています」

ホームヘルパーSは、利用者Aさん宅で洗濯などの援助を行っています。Aさんの家族は仕事で外に出ているため、家にいるのは本人だけです。最初のうちはよかったのですが、Sは、少しずつ洗濯物に本人以外の物が混ざるようになったことに気がつきました。「一回ですむ量だから」と思い、そのまま洗濯を続けていると、やがて一家の洗濯物すべてを洗うことになってしまいました。「これではいけない」と思ったSが、連絡帳に「洗濯物は利用者分のみとし、ご家族の洗濯物を混ぜないようにしてください」と書いて帰ると、その日のうちにケアマネジャーに苦情の連絡が入り、結局、SはAさんの担当を外れることになりました。

訪問介護のサービスの中では、利用者以外の人の部屋を掃除することや、家族の洗濯物を一緒に洗うことはできません。しかし、サービス開始前に行う説明が不十分であったり、よく理解されないままになっていたりすると、こういった用件を頼まれることがあります。もし頼まれたときは、その場で「お受けできません」と、口調や態度に配慮しながら、はっきり丁寧に断りましょう。それでもわかってもらえないときや、利用者や家族に不満が残るようであれば、改めてサービスの範囲についての確認が必要です。事業所に連絡し、サービス提供責任者やケアマネジャーに、利用者側ともう一度よく話し合ってもらってください。一度引き受けてしまうと、次に断る際に「今まではできたのに、なぜ?」と不信感をもたれてしまうことがありますから、最初が肝心です。

なお、ホームヘルパーが見守りながら、利用者が自らそれらの作業を行うのであれば、自立支援の一環として業務範囲に含めることができます。その場合は、訪問介護計画の見直しを提案しましょう。

●もし引き受けてしまえば、後々、ほかのホームヘルパーや事業所に迷惑がかかります。断りにくいかもしれませんが、大切なのは、「できない」と告げても利用者が理解を示してくれるような信頼関係を築くことです。

⑨ 調理のときの言葉かけ

CASE 27

「○○さん風にしたいので、作り方を教えてもらえませんか？」「味見していただけますか？」

料理の味つけや調理のしかたには、人それぞれ好みがあります。特に家事を切り盛りしてきた高齢の女性などは、頭では「ホームヘルパーに任せよう」と思っていても、つい自分のやり方と違う部分が目についてしまうものです。少しでも気分よく食べてもらうために、遠慮なく利用者に好みの味つけや調理法を聞いてみましょう。

たとえば、きんぴらに使うゴボウの切り方でも、ささがき、細切り、たんざく切りなど家庭によって違います。さらには、同じささがきでも厚みには好みがあったりするものです。調理の際は、味見をお願いして、味は濃くないか、食材は硬くないかなどを尋ね、本人の好む味や食感に近づけると喜ばれます。

利用者の注文があまりに細かかったり、自分の技術では要求に応えることが難しい場合には、できるふりをせず、素直にやり方を教えてもらうと、今後の仕事にも役立ちます。利用者自身も、人にアドバイスするのが楽しみになることもあります。

こういったやりとりによって自然と会話が増え、コミュニケーションがとれることで、信頼を得ることにもつながるでしょう。

私の失敗談

調理時は細かく確認したほうがいいと聞いていたので、利用者に味つけや切り方などいろいろと聞いていたら、「そのくらい自分でやって」と言われ、「あなたに任せるから」と台所からいなくなってしまいました。自立支援のため一緒に調理するはずだったのに……。（Y・S）

☆その日はたまたま体調が悪かったのでしょうか。声かけが大切といっても、利用者の性格は一人ひとり違うので、難しいですね。様子や状況を観察して、柔軟に対応していきましょう。

⑨ 調理のときの言葉かけ

CASE 28 「お手伝いしますから、一緒に作りましょう」

自立支援としてホームヘルパーが利用者と一緒に行う調理は、しばしば訪問介護計画に盛り込まれます。

利用者は「自分は年老いたから何もできない」などと思い込んでしまうことがありますが、「できないところはお手伝いしますから、一緒に作りましょう」と声をかけ、調理に参加してもらいましょう。自分で作り、好みの味つけにした料理を、自分の手と口で食べることは、人間の営みとして重要であり、大きな喜びでもあります。調理することを敬遠しがちな利用者には、そんな話をしてみてもよいかもしれません。

材料や調味料はホームヘルパーが準備して、できるだけ本人に調理してもらうようにします。最初は、何品か用意する料理のうちの一品を受けもってもらってもよいでしょう。特に料理の経験があまりない男性は、調理に抵抗があるだけでなく、何をしてよいかわからないことがあります。野菜を切る下ごしらえや、すでに用意された具材をフライパンで炒めるといった一工程をお願いするよりも、一つずつ料理をマスターしていくほうが、「○○を作れるようになった」という満足感につながります。

ほうれん草のおひたしや、酢の物、卵焼きといったシンプルな料理から始めてみましょう。回を重ねるごとに少しずつ、やってもらうことを増やしていけばよいのです。そのうち自発的に「次は○○をしようか」と言ってもらえるようになるとよいですね。

調理などを通して「まだまだ、やればできる」と、自信や満足感を得る体験をしてもらうことは、自立を支援するうえで重要です。こんなときは、「私よりずっと上手」「さすがは、昔取った杵柄《きねづか》ですね！」とほめて、次への意欲につなげたいところです。

⑨ 調理のときの言葉かけ

CASE 29

「ご飯と麺類、どちらがいいですか?」「煮物にしますか、炒め物にしますか? それとも和え物?」

高齢の利用者は、もともと和食中心の食習慣がついているせいか、メニューのバリエーションが狭くなりがちです。しかし、いつも同じような物ばかり食べていては、栄養が偏ってしまいます。何気なく食べ物の話題を出してみるなど、普段から利用者の好みを把握するようにして、実際に調理するときには、こちらからもさまざまな提案ができるように心がけましょう。

利用者宅にある食材を示しながら、具体的なメニューや調理方法、味つけを利用者から引き出しましょう。昔ながらの食べ方や、旬の食材にはどんな物があるかなどを話題にしたり、郷土料理を教えてもらったりすれば、食事のときも話が弾みます。

調理を始める際に、「何かご希望のメニューはありますか？」と尋ねると、多くの利用者は「何でもいい。あなたが考えて」と言います。調理が苦手なホームヘルパーは、頭を悩ませ、結局は同じようなメニューが続いてしまうなど、対応に苦労するようです。

しかし、利用者は本当に「何でもいい」と思っているのでしょうか。たとえば「煮物がいいですか、炒め物がいいですか？ それとも和え物や酢の物にしますか？」と重ねて丁寧に聞いていくと、「昨日は酢の物を作ってもらったから、今日は和え物にするか」「そう言われると……煮物が食べたいかな」などと、希望のメニューが出てくることがあります。

●漠然と「何がいいですか？」と聞くのではなく、あの手この手を使って、利用者のニーズを上手に引き出してください。

⑨ 調理のときの言葉かけ

CASE 30 「味つけを間違えたかな」「味つけを変えてみましょうか？」

ホームヘルパーのIは、事業所から指示されて、たまたま前日と同じ利用者Uさん宅を訪問することになりました。

前日は、調理が業務内容に入っていたので、利用者に希望のメニューを聞き、麻婆豆腐を作って帰りました。ところが、今日になってUさん宅を再度訪れてみると、昨日作っておいた麻婆豆腐には、ほとんど手がつけられていません。Uさんも、Iに気をつかっているのか、そのことにはふれず、黙っています。

Iは、ふと気づきました。「Uさんは辛い味が好きだったはず。この麻婆豆腐は甘すぎるのかも」と。このままでは気まずくなってしまうと思ったIは、「あら、味つけを間違えてしまったみたい。どうもすみませんでした。でもこれ、もったいないですね。少し味つけを変えてみましょうか?」と尋ねました。Uさんは、ほっとしたように「そうかね。じゃあ、少し辛口にしてもらおうかな。食べていなくて申し訳なかったね」と、快く応じてくれたそうです。

急に昨日と同じホームヘルパーが訪ねてくることになり、利用者はさぞ驚いたでしょう。台所に立つホームヘルパーが相手では、ゴミ箱にそっと捨てることもできません。もし訪ねてきたIが料理をそのまま捨ててしまったら、お互いに嫌な気分になっていたかもしれません。Iは前日、終了時間が迫っていて利用者の話をよく聞かなかったのがいけなかったと反省しました。

料理が口に合わず食べないことは、決して悪いことではありません。「せっかく作ったのに……」という態度は禁物です。Iのように、「こちらの不手際」だというメッセージを送ることで、利用者に安心してもらいましょう。

⑩ 外出支援のときの言葉かけ

CASE 31

「今日は買い物におつき合いいただけますか？」

家の中で過ごすことの多い利用者にとって、外出は新鮮な空気を吸い、気分をリフレッシュさせる大切な機会です。出かける際の声かけとして、「今日は訪問介護計画に外出が入っていますから……」と言うのでは、あまりに味気ないです。「今日は気持ちのいい天気ですね。食材を買いに行きたいのですが、一緒にお願いできますか？」「お昼のメニュー、買い物をしながら一緒に考えませんか？」といった、利用者の気持ちを外に向けられるような言葉かけを工夫しましょう。

一緒に出かけたときに何よりも注意を払う必要があるのは、危険防止です。外には高齢者や障害者にとって危険な物がたくさんあります。自動車やバイク、自転車はもちろんのこと、段差や急勾配なども、つまずいたり転んだりしないように目を配らなければなりません。

また、特定の障害に固有の、あるいは利用者個別の外出で配慮すべきポイントについて、事前に確認しておきましょう。たとえばパーキンソン病の人では、信号待ちなどで立ち止まると、青になったときに最初の一歩を踏み出すことがたいへん難しくなります。この場合、なるべく同じリズムで歩けるように、信号のない道を選んで歩く、最初の数歩は手を貸すなどするとよいでしょう。内部障害で心臓や肺に疾患がある人の場合は、坂道を避ける、ある程度歩いたら休むといった対応が求められます。

外出した後、利用者に「また行きたい」という気持ちになってもらうことが大切です。外出が長引いて疲れをためてしまわないようにしましょう。外出は利用者が近所の人とどういうつき合いをしているかを知るチャンスでもあります。近所の人と顔を合わせたら、ホームヘルパーも挨拶をして、利用者が立ち話を楽しめるぐらいの余裕はもちたいところです。

⑩ 外出支援のときの言葉かけ

CASE 32

「動かしますが、準備はいいですか？」「後ろから降ろしますね」

車いすの人の外出では、より危険に対する敏感さが求められます。ホームヘルパーが車いすを押す場合には、段差や坂道などの危険だけでなく、車いすの操作自体に注意が必要です。移動していないときは、左右両方のブレーキをかけるようにしてください。平坦だと思っていた地面にゆるい勾配がついていたりすると、とても危険です。

また、必ず声をかけてから動かします。突然動き出せば誰でも驚きますし、不快に感じるものです。高さのある段差や短い階段では、車いすを反転させて後輪から降りますが、このときも回転させる前に必ず声をかけます。なお、麻痺のある人の場合、麻痺側の手足が振動やはずみで車いすの外に出てしまわないように、走行中は健側の手で押さえておいてもらいましょう。

利用者が車いすを自分で動かせるのであれば、死角から車や人が飛び出してこないか、本人が見落としそうな段差はないかなどに目を配り、移動の安全を確保します。

とはいえ、目を血走らせて歩いていては、楽しい外出とは言えません。外出の回数を重ねれば、次第に注意を向けるべきポイントがつかめるようになります。せっかくの外出ですから、季節の花を愛でたり、鳥の鳴き声を聞いたり、会話や景色を利用者と一緒に楽しみましょう。

⑪ お金に関わる言葉かけ

CASE 33

「信用が第一ですから」

とかく金銭的なことはトラブルのもとになりやすいものです。いったんトラブルが生じてしまうと、互いに気まずい思いをします。ホームヘルパーは、普段からできるかぎり誤解をまねかないように気をつけて行動することが大切です。たとえば、貴金属や多額のお金など余分な物はできるだけ持って行かず、持ち物は自分と利用者双方の目の届くところに置くように心がけましょう。

買い物を頼まれたときは、出かける前に利用者から預かった金額をノートにメモし、利用者に確認してもらってください。そのうえで、買い物がすんだら利用者にレシートを見てもらい、品物に間違いがないかを確認します。最後に、残額

郵便はがき

料金受取人払郵便

神田支店承認

1455

差出有効期間
平成23年9月
14日まで切手
はいりません

101-8791

529

(受取人)
東京都千代田区神田岩本町
4-14 神田平成ビル

株式会社 日本医療企画
書籍営業部 行

お名前《フリガナ》

(男・女) ご年齢　　歳

お電話　(　)

e-mail：

FAX　(　)

ご住所　(〒　　)

都 府
道 県

ご購入書店名　市・区・町　書店

☐ 日本医療企画発行図書目録希望

●ご希望の方には無料で郵送いたしますので、☐欄に✓印をしてください

ホームヘルパーのための現場で役立つ上手な言葉かけ 80

NEW・JMPシリーズ78
『ホームヘルパーのための 現場で役立つ上手な言葉かけ80』 ご愛読者カード

★ご購読ありがとうございました。今後の出版企画の参考にさせていただきますので、ご記入のうえ、ご投函くださいますようお願いいたします。

●本書を何でお知りになりましたか。

1. セミナー・講習会で（詳しく　　　　　　　　　　）
2. マスコミ記事をみて（新聞・雑誌名　　　　　　　　）
3. インターネットで（サイト名　　　　　　　　　　）
4. 店頭で実物をみて　　5. 人に勧められて
6. 広告・DMで
7. その他（　　　　　　　　　　　　　　　　　　　）

●本書をご購入の動機は何ですか。

1. ホームヘルパーとして在宅介護に従事している
2. 介護施設で介護職員として従事している
3. ホームヘルパーの養成研修のため
4. ホームヘルパーのスキルアップ研修のため
5. その他（　　　　　　　　　　　　　　　　　　　）

●本書の内容等についてどう思われましたか。

1. 最も関心を引いた項目は何ですか
（　　　　　　　　　　　　　　　　　　　　　　）
2. 不足していた項目は何ですか
（　　　　　　　　　　　　　　　　　　　　　　）

●本書の定価について

1. 高い　　2. 普通　　3. 安い

●その他、本書をご覧になったご意見・ご感想をお聞かせください。

●あなたが欲しいと思う本のテーマを教えてください。

ご協力ありがとうございました。本カードにより取得したお名前、電話番号等の個人情報については、目的以外での利用及び無断での第三者への開示は一切いたしません。
※なお、当社から各種ご案内（新刊・イベント）、読者調査等のご協力のお願いに使用させていただいてもよろしいですか。

☐ Yes　　☐ No

を記入しておつりを渡し、利用者に了解のサインをしてもらったところで買い物は終了です。メモには、ホームヘルパーの名前も忘れずに記入しましょう。

利用者のほうから遠慮がちに「そこまでしなくてもいいよ」と言われることもありますが、確認はトラブルを防ぐために必要なことです。そんなときは、「信用が第一ですから」「長いおつき合いをしたいので、確認させてくださいね」などと説明しましょう。

買い物のメモを書く際のポイントは、細かい金額まで記入することです。互いに面倒だからと端数を切り捨てたりしていた場合、利用者から後になって「よく考えてみたら、ずいぶん損をしている気がする」と言われたら、返答のしようがありません。

一円玉が落ちているのを見て「お宝が落ちていますよ」と声をかけたら、利用者が愉快そうに笑ったという話がありますが、日ごろからそんな会話をしていると、細かい計算も楽しみの一つになります。

⑪ お金に関わる言葉かけ

CASE 34 「ああ、そうですか」「教えてもらっても、困りますから」

訪問に慣れて親しさが増してくると、利用者から貴重品や財産などの話を聞かされることがあります。話だけならまだしも、通帳の置き場所や金庫の開け方など、自分以外の誰かに知ってほしいと思うことをホームヘルパーに対して打ち明けてしまう人がいるのです。こうした場合、どのような対応をしたらよいのでしょうか。

難しいことですが、できるだけ慎重に対応し、相手の印象に残るような反応を示さないようにすべきでしょう。「将来は老人ホームに入ろうと思っているんだけど、これだけあれば、たりるよね」などと通帳を見せられても、「すごい額ですね！」などと反応してはいけません。「困ります」とはっきり拒否してください。相手が得意になって話している事柄に対して、知らん顔はしにくいという気持ちはわかります。しかし金銭問題に関しては、その場では何事もなくても、後になってたいへんな結果をまねくことがあるのです。

たとえば、利用者が数年後に認知症になったとします。そのとき、お金や通帳などの置き場所を忘れてしまい、「場所を知っているのは、あのとき話したホームヘルパーだけだ！」と、疑いをかけられてしまうかもしれません。興味のない態度を貫いておけば、「あのホームヘルパー」と矛先が向くことは少なくなります。

コラム

1 言葉は移り変わるもの

言葉というのは不思議なものです。時代が変わっていくにつれてさまざまに変化し、意味や使い方が変わるものもあれば、言葉そのものが別の言葉にすっかり入れ替わってしまうこともあります。平安時代には、花見の「花」といえば、桜ではなく梅のことを指していました。

毎年たくさんの新語が生まれる一方で、使われなくなっていく言葉も多くあります。そのために、高齢者と若者の間で会話が通じなくなることも起こります。

たとえば、次に挙げる言葉は、本書に出てきますが、すぐに意味がわかるでしょうか？

・**昔取った杵柄（きねづか）**：若いころに身につけた腕前を、歳をとっても衰えずに身につけていること。
・**若輩者（じゃくはいもの）**：歳が若くて未熟な者。
・**四方山話（よもやまばなし）**：世間話。いろいろな話題を話すこと。
・**生一本（きいっぽん）**：純粋で混じりけのないこと。ひたむきに一つのことに打ち込んでいく、まっすぐな性格。

これらの言葉の意味をすぐに答えられない若者も多いでしょう。

新しい言葉もたいへんなスピードで生まれていて、最近は「ゆとり語」という、20歳以下の“ゆとり教育を受けた世代”が使う独特の言葉づかいなどが話題になっています。

利用者と新旧の言葉をくらべ合い、言葉遊びをしてみたら面白いかもしれません。

セクション 2

さまざまな利用者の状態に応じた言葉かけ

⑫ 独居利用者への言葉かけ

CASE 35

「一人でたいへんだったでしょう」「ご家族も心配されていますよ」

一人暮らしの利用者には、同居家族がいる利用者とは異なる性質の問題が生じることがあり、ホームヘルパーは心して援助にあたる必要があります。

まず、一人暮らしの利用者には、家族や世間に対して見捨てられたという感情が生じやすい点に注意して対応しなければなりません。

ホームヘルパーのYは、一人暮らしのKさん宅を訪問中、背中に薬をつけてほしいと頼まれました。本人が薬局で買ったという市販薬を頼まれるまま背中に塗りましたが、Yが見たところ、Kさんの背中の湿疹は相当ひどい状態です。そこで、医療機関を受診するように勧めると、「簡単に病院に行けと言うけど、それがどれだけたいへんなことなのか、わかってるの!?」とKさんは怒ってしまいました。「一人じゃ何もできない。頭を下げて他人の力を借りないと、病院にも行けないのに」と……。結局、医師に往診してもらいましたが、Kさんの気持ちを晴らすことは難しそうです。

介護が必要となるような状態で一人暮らしを続けることは、精神的にもたいへんな苦労を強いられます。ときには「もうダメだ」と弱音を吐かれることもありますが、「一人でよく頑張ってこられましたね。私たちもできるかぎりお手伝いします。一緒に考えましょう」などと励ましの言葉をかけると、力がわいてくるのではないでしょうか。また、遠くにいる家族から見放されたと感じている人も少なくありません。「きっと家族も心配している」と話すことで、本人が家族への思いを吐き出すきっかけになることもあります。

●「何でも言ってください」「私に任せて」という言い方は、誤解をまねきます。ホームヘルパーはあくまでサポート役。大切なのは「自分は一人ではない」と感じてもらうことです。

⑫ 独居利用者への言葉かけ

CASE 36 「また明日、きますね」「次は、明後日お会いしましょう」

一人暮らしの利用者にとって、ホームヘルパーは日常的に顔を合わせる数少ない人間のうちの一人ということも少なくありません。言い換えれば、そのような利用者は一人でいることを心もとないと感じ、ホームヘルパーをたいへん頼りにしていることが多いのです。

ホームヘルパーとして頼りがいがあると感じてもらえるのは非常に光栄なことですが、少し慎重に考えなければならないときもあります。それが「ほかに頼る人がいないから」「この人なら何でも受け入れてくれるから」という理由だとしたら、援助の方向性が間違っていると言わざるを得ません。

ホームヘルプを行ううえで重要なのは、利用者の自立を促すことです。利用者に「この人だけが頼り」と思われてしまうようでは、自立支援に成功しているとは言えません。また、ホームヘルパーは一人で仕事をしているのではなく、チームで動いています。特定のホームヘルパーが業務の枠を超えて家族のような役割を演じてしまうと、ほかの人の仕事がやりづらくなります。

利用者を甘えさせ、かえって自立を妨げていないだろうか。利用者が自分ばかりを頼りにしているために、ほかのホームヘルパーに迷惑をかけていないだろうか。こういった自分への問いをもつことは、ホームヘルパーとして仕事を続けていくうえで、たいへん重要です。いつも自省心を忘れないようにしましょう。

特に帰り際は、利用者が心もとないような表情で、見送ってくれることがあります。そこで救いの手を差し伸べることは難しいですが、最後の挨拶のときに、「また明日、きますね」と、次にいつくるかを改めて伝えて帰ると、利用者はひとまず安心するようです。

⑫ 独居利用者への言葉かけ

CASE 37

「火元はちゃんと消して、段差で転ばないように」

一人暮らしの高齢者の中には、他人が訪ねてくることに慣れておらず、勧誘などを断るのが苦手という人がいます。特に周りの目が届きにくい集合住宅で一人暮らしをしている人の中には、セールスマンにのせられて不必要な買い物をしてしまう例が見られます。そのような傾向のある利用者には、普段から鍵とチェーンを両方かけて、不用意にドアを開けないようにしてもらいましょう。開ける必要があるときは、できるだけドアチェーンをかけたままで相手と話すように指導します。

一人暮らしの利用者に限りませんが、訪問宅の周辺で近所の人を見かけたら、挨拶したり声をかけたりするように心がけましょう。一人暮らしの場合は特に、そのようにして顔見知りになっておけば、利用者に何かあったときに助けになってくれることが多いからです。

訪問の最後に「火元はちゃんと消してくださいね。床の段差につまずいて転ばないように気をつけて。それから、知らない人が訪ねてきたら、ドアを開ける前に必ず用件を聞いてくださいね」と再確認しておくと、注意が長続きしやすいようです。また、ホームヘルパーのそのような声かけを聞いて、「自分を心配してくれる人がいると思うと、うれしい。毎日、気をつけて過ごそう」と、励みにしてくれる利用者もいます。

私の失敗談

うつ状態がみられる一人暮らしの利用者に配慮のない言葉をかけたために、次からの訪問を断られてしまいました。無愛想で否定的な返事の多い利用者で、「なぜここにきているのか？」と問われ、つい面倒になって「事業所に言われたから」と答えてしまったのです。（M・K）

☆精神的な障害をもつ人とのやりとりは、本当に難しいものです。この利用者さんは、もっと自分のことを心配しているような返事がほしかったのかもしれません。

⑬ 障害のある利用者への言葉かけ

CASE 38

「普段の生活もリハビリになります。一緒にやってみませんか?」

重い障害のある利用者と接するとき、慣れていないホームヘルパーは、ケガをさせてしまうのではないか、うまく介助できないのではないかと不安で、どうしていいかわからなくなってしまうことが多いようです。そのような場合、あまり動かさないほうが無難と思いがちですが、ちょっと待ってください。ホームヘルパーにとっては、失敗しないですみますから、そのほうがよいかもしれません。しかしそれは、利用者のためになることでしょうか。ホームヘルパーの技術が未熟だと、利用者も不安になり、動く意欲を失ってしまいがちです。技術はすぐには上達しませんが、臆病にならず、どんな介助の仕方がその利用者に合っているのか、本人に問いかけながら少しずつ実践し、「ここはどうしましょう?」「手を添えたほうがいいですか?」と、互いの息を合わせる努力をしましょう。

安全に動いてもらうためには、利用者の健康な部分を使ってもらうことも大切です。たとえば、片麻痺のある利用者では、本人が健側の手で麻痺側の手を引いて反動をつけると、思ったより簡単に向きを変えられることがあります。この方法なら、ホームヘルパーは利用者を補助し、バランスを崩さないように見守るだけでOKです。

身体的な問題は少ないのに意欲を失ってあまり動こうとしない人には、少しでも身体を動かしてもらえるよう、意欲を引き出すような声かけをしたいものです。病院でのリハビリテーションを拒否しているのならば「洗濯物を干したり、たたんだりするのもリハビリテーションになるんですよ。手を動かして頭を使って、普段の生活の中で頑張れば、少しずつできるようになります。一緒にやってみませんか?」と励まし、利用者が自分で立ったり座ったりできるようにサポートします。また家事などにチャレンジする時間や機会も増やしていきましょう。

⑬ 障害のある利用者への言葉かけ

CASE 39

「今年の目標は何にしましょう?」

ホームヘルパーのUは、障害のある利用者への対応で、言葉の大切さを実感した経験があります。

利用者Mさんは八十八歳の男性。糖尿病の合併症により歩行が困難で、車いすを使用しています。一人暮らしで、生きる気力を失ったり、投げやりになってしまうことがよくありました。

ホームヘルパーとして何かできることはないかと常々思っていましたが、何とはなしに、晩秋のころから「年が明けたら、ぜひ新年の豊富を聞かせてくださいね」と、折にふれて話していました。年末になって、Mさんから「そうだな、来年は外出してみようか」という言葉が聞かれ、自分の言葉をきっかけにして目標をもってもらえたことを、Uはうれしく思いました。

うれしいことは、それだけではありませんでした。この目標は、Mさんが実際に外出することにつながったのです。年が明けてすぐ、一年以上、家の中だけで過ごしていたMさんと一緒に散歩に出ることになりました。

Uは、近くの公園でMさんが口にした言葉が忘れられないと言います。「外は、こんなに空が高くて広かったのか！」。それまで毎日をベッドの上でうつろに過ごしていたMさんの表情に精気が戻り、生き生きとした目をされたことがとても印象的でした。

言葉一つで利用者が変わっていく姿を目にしたことは、Uにとって、仕事をしていくうえでの自信にもつながりました。

●ホームヘルパーのほうから働きかけをして、利用者に目標をもってもらうのは大切なことです。喜寿（七十七歳）、米寿（八十八歳）、白寿（九十九歳）の祝いごとなど、機会をみつけて、利用者に「目標を立ててみませんか？」と勧めてみましょう。

⑬ 障害のある利用者への言葉かけ

CASE 40

「〝できないこと〟ではなく、〝できること〟を数えましょう」

ホームヘルパーNは、地元の社会福祉協議会で働いています。ここで行っているのは、身体障害者の入浴介助と生活支援です。利用者は、どの人も身体のどこかに自由のきかないところがあるため、「あれもできない、これもできない」と嘆く姿がしばしば見られます。そんなときNは、「できないことを数えるのではなく、できることを数えましょう」と言います。そして一緒に楽しく、その人のよい点を指折り数えるようにしているそうです。

人生の中途で障害を受けた人は、突然起こった出来事を受け入れることができず、落ち込んだり自分を責めたりして、死にたいと思うことすらあります。そこから、現状に折り合いをつけ、自発的に物事に取り組む姿勢を取り戻すまでには、相当に激しい葛藤を乗り越えなくてはなりません。そのような過程のただ中にある人に不用意な声かけをすれば、相手を傷つけることになってしまうでしょう。

本人が障害に向き合おうとするまでは、「辛いでしょう。苦しいですよね」と、ひたすら聞き役にまわることが大切です。そして、障害があっても「あなたの美点はこんなにたくさんある」と、よいところを挙げていきましょう。そうしてじっくりと信頼関係を築いた後でなければ、現実的なアドバイスをしてもうまくいきません。

私の失敗談

病院でのリハビリテーションを嫌がる利用者に「何言ってるんですか。もっと重症でも頑張っている人はたくさんいますよ」と言ったら、拒否が余計に強くなってしまいました。「もう二度と行かない」と、リハビリテーションをかたくなに拒みます。障害を負うと、自分より重い人ではなく、軽い人のことを考えるものなのですね。(R・S)

☆少しでも早いうちにリハビリテーションを頑張ったほうが、効果が上がるのに……。でも、本人の気持ちに寄り添って励ますしかありませんね。

⑭認知症のある利用者への言葉かけ

CASE 41

「○○がお上手だったと聞きました」「○○のチャンピオンだったのでしょう?」

認知症のある利用者と接すると、どこまで普通に対応してよいか、わからなくなるかもしれません。一言で認知症といっても、人それぞれ進行度や症状が異なります。認知症の症状は、一日中続くとは限りません。特に初期の人は、発作的な行動のすぐ後に、何事もなかったように平常の状態に戻ることも多いのです。熟練のホームヘルパーでも、その都度、試行錯誤しながら対応しています。

認知症の人は、新しいことを覚える能力が低下するため、最近の新しい記憶ほど忘れやすくなります。食べたばかりなのに「ご飯はまだ?」と催促することがあるのは、よく知られています。一方で、認知症の人は昔のことはよく覚えているものです。

認知症の人とのコミュニケーションが難しいと感じたら、家族やケアマネジャーから情報を得て、本人が若いころに好きだった物や得意だったこと、出身地のことなどを会話の中に取り入れてみてください。利用者の心が和む話題が見つかれば、警戒心を解いて、自ら進んで話をしてくれるようになるでしょう。

また、ホームヘルパー側からの言葉かけばかりでなく、利用者の話をじっくり聞くことも大切です。認知症の人が話す昔語りの中に、その人にとっての「よい援助」を提供していくためのヒントがたくさんつまっています。聞き逃さないように、注意深く耳を傾けましょう。

●記憶に障害がみられる認知症の人は、今さっきのことよりも、昔のことを鮮明に思い浮かべています。常識にとらわれないで、利用者の心の中をイメージしてみましょう。

⑭ 認知症のある利用者への言葉かけ

CASE 42

「トイレの場所はどちらでしょう？ここですね。では、お先にどうぞ」

認知症の症状には、さまざまなものがあります。昼夜かまわず歩きまわる人、失敗を隠そうとしてその場をとりつくろう人、暴力をふるう人、性的行動をくり返す人、いくら食べても満足しない人、すぐに物を盗られたと訴える人……脳の機能異常による幻視や幻聴などをもとにして、このような行動が出現することがあります。脳の機能異常ですので、事物を誤って認識してしまう認知症の人の言動に誤りがあるからといって、それを正そうとしても、本人は理解することができません。

援助を進めていくときも、「水をたくさん飲んだからトイレに行きましょう」

と理屈を説明しても、動いてもらえないことがあります。トイレに行きたがらないときは、「トイレに行きたいのですが、一緒に行っていただけますか？」とお願いして、ドアの前まできたら「お先にどうぞ」と譲るふりをすることによって、うまく排泄に結びつくケースもあります。

認知症の人への対応では、その人が今いると思われる世界に合わせることが求められるため、覚えていないふり、忘れたふり、知らないふりが、必要になることもあります。利用者に申し訳なく思うかもしれませんが、そうすることが本人のためになるかどうかを判断の基準にして、対応を考えましょう。

⑭ 認知症のある利用者への言葉かけ

CASE 43

「お心遣い、ありがとうございます。失礼します」

認知症のある利用者が不可解な行動をしても、本人に危険が及ばないかぎりは、叱ったり否定したりしないようにしましょう。無理に正そうとすれば、不要に興奮させてしまったり、自己嫌悪に陥らせてしまったりします。利用者の言動にはできるだけ逆らわず、歩行中に障害物を取り除くとか、刃物はあらかじめ片づけておくといった配慮をしながら本人をそっと見守り、事故を未然に防ぐようにしてください。

こんな例もあります。訪問中に、たびたび「帰りなさい」とサービスを拒否するIさんという利用者がいました。その理由は「もう夕方だから、子どもがあなたを待っているでしょう。早く帰りなさい」というもので、話す表情は険しく、語気も強めです。そうすると、ホームヘルパーEは「お心遣いありがとうございます。では、今日はもう失礼します」と言って、利用者の家を出ることにしています。

あるとき、駐車場から中の様子をうかがっていると、Iさんが玄関に出てきました。誰かを探しているようです。なにげなく再び訪問して「こんにちは」と言うと、Iさんは駆け寄ってきて「いま誰かが私を置いて帰ってしまったの。寂しかった」と言い、普段の穏やかな表情に戻っています。

Eは、Iさんがひどく興奮しているときは、長めに外に出ることにしています。好物のおはぎを買って戻ると、落ち着いたIさんは、喜んでそれを食べるそうです。

認知症の人の訴えを否定せず、いったん受容することでうまくいっているケースです。Iさんはきっと、以前から誰かに「私のことはいいから、子どものところに行ってあげなさい」と言うような、心の優しい方だったに違いありません。

⑭ 認知症のある利用者への言葉かけ

CASE 44

「本当にボケてしまった人は、そんなこと言いませんよ」「○子さん、一緒に帰りましょう」

認知症の人が誤った言動をしても、その誤りをいちいち指摘し、説得しようとしてはいけません。非難されることは、自信喪失や自己嫌悪につながるからです。特に症状がまだ軽いうちは、「私、ボケてしまったのね」と悲しそうにつぶやかれることもあり、本人が強い不安感や孤独感を抱えていることへの配慮が必要となります。こんなときは「本当にボケてしまった人は、そんなこと言いませんよ」と答えてみてはいかがでしょうか。不安に押しつぶされそうな利用者の心を少しでも軽くすることができればよいですね。

また、認知症の人を子どものように扱うことは、好ましくありません。その人の人格と誇りを尊重することが大切です。とはいえ、原則にこだわりすぎない柔軟な対応が功を奏すケースもあります。

利用者Mさんは認知症が進み、たびたび徘徊がみられます。ホームヘルパーのTが「Mさん、こんにちは」と挨拶しても、いつも返事はありません。Tはコミュニケーションの難しさに悩み、Mさんの家族に相談しました。「試しに、下の名前で呼んでみては?」とアドバイスされましたが、Tは半信半疑のまま、実行できずにいました。

ある日、介助中に家を抜け出して畑に行ったMさんを迎えに行ったTは、思い切って名前で呼んでみることにしました。「A子さん、帰りましょう」と言うと、Mさんから「はい!」と元気な返事が返ってきました。二人は手をつないで家に帰り、Mさんはニコニコしながら食事づくりを手伝ってくれたということです。

●Tは、現在はMさんを名字で呼んでいるそうですが、思い切って名前で呼んだことが仲よくなるきっかけになったのですね。コミュニケーションは、本当にいつも試行錯誤です。

⑭ 認知症のある利用者への言葉かけ

CASE 45

「財布がなくなったのですか。たいへんですね、一緒に探しましょう」

認知症が進行すると、物盗《と》られ妄想をもつことがあります。これは、身近な人が自分の物を盗んだと思い込む、認知症の症状の一つです。最初のうちは、財布や通帳など貴重品をどこにしまったのかわからなくなり、不安になって「財布がない！」と騒ぐようになります。さらに症状が進むと、誰かが盗ったに違いないという誤った認識にとらわれてしまうのです。

ホームヘルパーが犯人扱いされる事態は、しばしば起こります。認知症の症状だとわかっていても、「盗ったのは、お前だろう」などと言われるのは、たいへんショックです。しかし、疑いをかけられたときには、落ち着いて冷静に対処しましょう。心外に思っても、「私ではありません。忘れているだけではないですか」などと、相手の立場を悪くするようなことを言ってはいけません。まずは「それはたいへんですね」と、共感の気持ちを示すことが大切です。

できれば利用者が「なくなった」と主張している物を一緒に探すようにしましょう。この際、一人で対処せず、誰か人を呼んで複数で対応するようにします。家族がいない場合は、事業所に連絡してください。ホームヘルパーは、見つけても自分では手に取らないようにして、できるだけ本人が自分で見つけるように誘導します。

このほかにも、認知症によって、利用者はさまざまな問題とされる行動を呈するようになりますが、気をつけなければならないのは、暴力をふるう場合です。介助中に「黙ってやれ」と蹴られたり、「うるさい、女のくせに」と手を上げられたという経験を、時々耳にします。どんな人でも怒るのには理由があるので、それを理解しようと努めることが大切です。また、このようなときはサービス提供責任者に報告し、事業所内でカンファレンスを行って対応しましょう。やむをえない場合は、その利用者の担当をはずれることなども考えられます。

⑭ 認知症のある利用者への言葉かけ

CASE 46

「世話になっているなんて思うことないですよ」

認知症の人は、古い記憶ほどしっかりと覚えていることが多いものです。そのため、昔の話をゆっくり聞く機会をもつことは、利用者の心を癒し、信頼関係を強めることにもつながります。

利用者Hさんは、日本が戦争で激しい攻防をしている最中に中学時代を過ごした女性です。「学校にさえ行っていたら……」が口癖のHさんは、つっかかるような話し方をする人でした。

ホームヘルパーのSは、ある日、Hさんの通院の付き添いをすることになりました。病院に着いてみると、予約がうまく取れていなかったことがわかりましたたが、事業所に相談し、そのまま診察待ちをすることになりました。こうしてSは、ひょんなことから、Hさんと落ち着いて話す機会をもつことができたのです。

待合室で診察を待つ間、SはHさんの昔話を聞くことにしました。軍需工場で働かされ、疎開していた長崎で被爆したことなど、これまでSやほかのホームヘルパーが聞かされていなかった新しいことがわかりました。

「学校にさえ行っていたら、こんなに他人の世話にならなくてよかったのに」と言うHさんに、Sは「若いころに苦労されたのだから、老後はその分も幸福にならなくては。世話になっているなんて思うことないですよ」と話しました。その後、Hさんは心を開いてくれたのか、話し方が少しだけ穏やかになったそうです。

⑮ コミュニケーションが難しい利用者への対応

CASE 47

利用者に合ったコミュニケーション方法を見つけよう。

コミュニケーションで一番大切なのは、利用者に対する真心です。心の窓といわれる目の表情、心から発する言葉――そしてその後に、介護技術がついてくるのではないでしょうか。

聴覚・視覚・言語障害者の場合では、通常の言葉かけだけでは十分な援助にはなりません。聴覚障害者には、難聴者、ろう者、高齢になって耳が遠くなった人などがいます。視覚障害者も、弱視者、色覚障害者、視野障害者など、さまざまです。それぞれに聴こえ方、見え方が異なりますので、本人や家族と話し合いながら、よりよいコミュニケーションのとり方を見つけることが大切です。

聴覚障害者にとって、手話は大切な言語です。しかし、聴覚障害者なら誰でも手話ができるというわけではありません。その代わり、特に難聴者では、相手の口の動きを読み取る口話《こうわ》を身につけている人が多くいます。筆談などと組み合わせて使う方法として有効ですので、どうすれば相手が読み取りやすいのか、練習してみましょう。たとえば、難聴者はテレビ番組や人の自然な会話から口話を習得していますから、大きな口をあけて一語ずつ区切ってしまうと、かえって読み取りにくくなります。

同じように、視覚障害者の援助をする場合には、目隠しをして何かをする練習をしてみるとよいでしょう。どんな言葉をかけてもらいたいのか、どういう手助けをしてほしいのか、その感覚をいくらかつかむことができると思います。

言語障害者についても、脳機能に障害がある場合、発声器官に障害がある場合などがあり、異なる対応が求められます。専門職である言語聴覚士にアドバイスをもらうとよいでしょう。ホームヘルパーがすぐに実践できることとしては、本人がいつも使う用語をピックアップして、最初の一語で何が言いたいかがわかるように、本人と取り決めをしておくなど、自分なりの工夫をこらすことです。

CASE 48

簡単な手紙で、思いを伝える。

コミュニケーションが困難な例として、何か不都合があって、一時的にコミュニケーション不足に陥るというケースが考えられます。たとえば、何らかの理由で利用者を怒らせてしまい、口をきいてもらえないということがあるかもしれません。病気が重く、一日のうち長い時間を意識レベルの低い状態で過ごしているケースもあるでしょう。

こうしたコミュニケーション不足が心配される状況では、利用者に簡単な手紙を残して帰るというのも、考えられる一つの方法です。次の訪問日を記して、楽しみにしていることなどを書き添える、あるいは、謝罪がたりなかったことを書いて手渡して帰る、といった具合です。心のこもった手紙を、利用者や家族も喜び、大切に取っておいてくれたりすることもあります。

ところで、利用者の家には、家族やホームヘルパー同士がやりとりする「連絡ノート」が置いてあると思います。これは、利用者の状態の変化などを記録・報告するためのものです。ときには訪問看護師にも参加してもらい、利用者の容態を確認したりしますから、カルテのような役割もあり、どちらかといえば簡素な内容になります。単なる伝達事項や簡単な用件であれば、連絡ノートへの記入でよいでしょう。

特に手紙でアプローチしたほうがよいという場合でも、あまり長々と書かず、伝えそびれたことを一言だけ添える程度のほうが好感をもたれるようです。

●手紙のやりとりに頼りすぎて、会話がなくなってしまってはいけません。また、大切な用件を伝える場合に、ただ手紙を残しておくだけというのはやめましょう。

⑮ コミュニケーションが難しい利用者への対応

CASE 49

「今日は、私がお手伝いしますね！」

利用者の中には、ホームヘルパーが行うサービスを拒否する人がいます。その場合、どのような対応をすればよいのでしょうか？

まずは、なぜ拒否するのかを考えてみましょう。介護保険のサービスやホームヘルパーに対して、あからさまな不信感を抱いている人がいます。その一方で、そんなつもりはないのに、人見知りや緊張から、つい拒否的な言葉や態度に出てしまう人も案外多いものです。家の中に他人が入り込むわけですから、どうしてよいのかわからなくなるのも無理はありません。ましてや、身体介護のように利用者の身体にふれる業務であれば、なおさらです。

新人ホームヘルパーのEは、利用者Oさんの入浴介助をするために浴室に入ったところ、「自分でできるから、洗ってもらわなくていいです」と、少しきつい口調で言われました。Oさんはその後も訪問のたびに断り続け、Eはなかなか介助に踏み切ることができません。「このままではいけない」と思ったEは、あるとき思い切って浴室に入り、「今日は、私がお手伝いしますね！」と元気よく声をかけ、躊躇《ちゅうちょ》せずに介助を始めました。するとOさんも「悪いねぇ」と、洗うことを拒まなくなったのです。

Eは、「また、きつく言われたら嫌だな……」とOさんを避ける気持ちが自分にあったことに気づき、大いに反省しました。

●「結構です」「いいから座ってて」と言うのが、口癖の人もいます。相手の言葉にとらわれすぎないようにしましょう。

コラム

② 敬語の使い分けを知る

敬語は、人間関係を円滑にするために役立ちます。年配の人と話すときには、敬語をどれだけきちんと使えるかによって、相手の信頼度が変わってきます。あまり堅苦しく考える必要はなく、肝心なのは、およその使い分けを知っていて、とっさのときに上手に敬語が使えるかどうかです。敬語には次の3種類があります。

- **尊敬語**…相手を立てて敬う言葉。「お〜になる」「〜（ら）れる」の2パターンと、「言う→おっしゃる」「くる→いらっしゃる」のように言葉が変わるものなどがある。
- **謙譲語**…自分のことをへりくだって話す言葉。間接的に相手に敬意を表す。「ご（お）〜する」のパターンと、「言う→申し上げる」「くる→参る」のように言葉が変わるものなどがある。
- **丁寧語**…丁寧な言葉で相手を敬う。文末に「〜です、〜ます」を使い、文頭には「お」や「ご」を用いる。「〜（で）ございます」は、より丁寧な言葉。

なお、敬語を尊敬語、謙譲語（Ⅰ・Ⅱ）、丁寧語（丁寧語・美化語）の5種類に分け直そうという考え方があります（文化審議会答申「敬語の方針」、2007年2月）。基本は従来と変わりませんが、細分化されている分、より敬語の理解を深められるものとなっています。

セクション 3

ちょっと難しい場面で役立つ言葉

⑯ プライベートな質問をされたときの言葉

CASE 50

「個人的なことなので、お答えできません」

利用者と打ち解けてくると、互いにプライベートな部分が会話の中に入り込んでくるものです。ホームヘルパー自身のプライバシーに関することを利用者から尋ねられることもあるでしょう。しかし、友人同士とは違い、ホームヘルプというサービスを提供していく中では、不用意に個人的な話をしたために失敗することもあります。

住所や電話番号は教えないのが原則です。「何かのときにあなたの電話番号を知っていたら安心だわ」と言うので教えたら、利用者から頻繁に電話がかかるようになったというケースもあります。それがきっかけで信頼関係が崩れ、利用者がサービスを受けづらくなってしまっては困ります。また、当事者であるホームヘルパーはその電話が苦にならないとしても、特定のホームヘルパーに過重な負担がかかることは、チームで行う支援として望ましくありません。個人的にお手伝いに行っているのではなく、チームの一員として業務の一部を担当していることを忘れないようにしてください。

プライベートな質問にどこまで答えるかは状況によりますが、基本的には必要以上に個人情報を出さないことです。「教えてはいけないことになっていますから」と、やんわり断ります。電話番号をしつこく聞かれた場合は事業所の電話番号を教え、「こちらにかけていただければ、折り返しご連絡します」と伝えます。それでも聞かれるようであれば、「答えられません」ときっぱり意思を通しましょう。利用者には、少し会話をしたくらいでは見分けのつかない精神障害のある人や認知症の初期の人などさまざまな人がいます。割り切るのは難しいかもしれませんが、不要なトラブルを起こさないためです。

●大切なのは、常にトラブル回避を念頭において業務にあたることです。「仕事だから仕方がない」と無味乾燥な時間を過ごすのではなく、利用者と心の交流を持ち、対人援助の仕事の魅力を感じながらホームヘルパーを続けていってください。

⑰ セクハラを受けたときの言葉

CASE 51

「○○さん、優しい旦那様によくしてもらっていいですね」

対応が難しいのは、直接的に性的な言動はなくても、ホームヘルパーを困らせるようなケースです。たとえば、利用者が寝たきりで、介護にあたっている家族が夫だけという場合、援助はいいから話し相手になってくれとばかりに、夫がホームヘルパーの後ろをついて歩いたり、仕事にならないくらい始終話しかけてきたりすることがあります。たった一人で利用者を介護している家族の中には、欲求不満やストレスで心が疲弊したり、寂しさを感じている人がいます。ちょうどそこに、活発で親しみのあるホームヘルパーが訪ねてきたとしたら、救いを求めたくなるのも無理はないかもしれません。

この場合、ホームヘルパーがとれる対応は、あくまでも利用者本人を主体に行動し、本人に接するとき以上に夫と親しくしないことです。できるだけ多く利用者に声をかけ、夫から話しかけられても「まあそうですか。本当ですか、○○さん?」と、利用者のほうに水を向けます。夫に「昨日、妻は熱を出してね」と言われれば、「それはたいへん。今日はいかがですか、○○さん」と本人に尋ねる、といった具合です。かいがいしく介護をしている夫をねぎらいたくなりますが、利用者に向かって、夫をほめる言葉を言う程度にとどめましょう。介護の当事者グループを紹介するなど、介護疲れなどに対するケアは、ほかの人や組織に任せるべきです。

また、認知症のある利用者がホームヘルパーに抱きついてくることがあります。これには性的な意味がないことも多いのですが、「してはいけないこと」だとわかってもらえるように対応します。

単に人をからかうのが好きで、入浴介助の際に「一緒に入るか」などと言う人もいますが、ベテランのホームヘルパーは「夫に叱られます!」といった臨機応変な返答で、適当にあしらう術を身につけていることが多いようです。

⑰ セクハラを受けたときの言葉

CASE 52

「やめてください。もう、こられなくなりますよ」

性的な問題行動がある利用者や家族には、きっぱりと拒絶する意思を伝えます。他人に対して性的な言葉をかけたり、身体をさわったりすることは犯罪です。相手を傷つけてしまわないか、気まずくなるのではないか、などと考えてあいまいな態度をとっていると、問題がこじれていっそう不愉快な思いをすることになります。「やめてください」と、毅然とした態度で接し、その後は決して隙を見せてはいけません。明確な態度をとり続けていれば、そういった行動はなくなることが多いものです。

「自分さえ、がまんすれば」という考えはもってのほかで、絶対に一人で問題を抱え込まないようにしてください。利用者との今後の関係が気になったり、このようなことを他人に話すことに恥ずかしさを感じてしまうかもしれません。しかし、利用者の逸脱した行為に関しては、雑念を振り払って行動することが大切です。ほかのホームヘルパーや周囲の人にまで同じ思いをさせないためにも、すぐに事業所に報告しましょう。辛ければ、ホームヘルパーの交代を申し出ても構いません。

一方、利用者が女性の場合、ホームヘルパーは、華美な服装は避ける、長い髪は一つにまとめるなど、職務についている間はホームヘルパーとしての基本的な身だしなみを逸脱しない配慮が必要です。利用者は着飾ることができにくい環境にありますから、過剰に飾り立てた外見は、同性に不快感を与えやすいものです。

●ホームヘルパーを親しい異性と混同してしまっている人なら、「私は仕事できているのです」と告げただけで、勘違いからとった言動を恥じ入ることもあるでしょう。そのような場合は、問題をことさら大きくする必要はないかもしれません。

⑱「死にたい」と言われたときの言葉

CASE 53

「そうなんですね。頑張ってこられたのですね」

体調の悪いときや、冬場の気候の悪いときなど、気が滅入ってしまうことは誰にでもあるもの。ましてや、以前に比べて心身の自由がきかなくなってくる高齢の利用者は、生きる気力を失ってしまうことすらあります。「長く生きていても、よいことなんてないよ」「早くお迎えがくればいいのに……」といった発言があるかもしれません。

こんなとき、新米ホームヘルパーなら「そんなこと言わないで元気を出してください」「そんな弱気でどうするんですか。頑張りましょう」などと声かけしてしまいそうですね。しかし利用者は、このような励ましに対して「これ以上、どう頑張れというのか?」「私には頑張りがたりないというの?」と反発心を抱くことがあります。どうやら「若い人には、自分の痛みや寂しさはわからない。だから簡単に『頑張れ』とか『まだ元気じゃないか』などと言えるのだ」と考えるようです。

このような場面に慣れてきた、あるホームヘルパーは、はっきりとした返答をすることはほとんどないと言います。利用者の気持ちを受け止めるように、時々目を合わせて、笑顔で大きくゆっくりうなずきながら、「そうですか。たいへんでしたね」と、あいづちを入れるようにして言葉を返していくそうです。しばらくそうしていると、利用者の表情は次第に穏やかになり、「どうにもならないことを聞いてくれて、ありがとう」「わかってもらえてうれしい」「聞いてもらって楽になった」と、落ち込んでいた気持ちがいつの間にか喜びや感謝に変わっていくようです。

こんなときの利用者は、受け止めてほしい、聞いてほしいという気持ちでいるのだということが、よくわかる事例です。

⑱「死にたい」と言われたときの言葉

CASE 54

「子どもは親が生きていてくれるだけで心強く、うれしいものです」

ホームヘルパーのSの体験談です。ある利用者は、Sが訪問するたびに「自分は生きていても役に立たない。早くお迎えがこないか」と話されました。Sはこの利用者に、親と早く死に別れた自分の経験などを話して、「子どもは親が生きていてくれたら、それだけでうれしいものだと思いますよ。そのことを心強く感じながら、自分の人生をしっかりと歩んでいけるのです」と言うと、「頑張ってみるか」と気を取り直してもらえたそうです。

またほかに、「生きていても仕方がない」と言われる利用者に対してSは、「○○さんの介助を一生懸命がんばっている旦那様が、どんなに悲しまれることか」

と諭したり、お孫さんの写真を一緒に見せてもらいながら「お孫さんの成長を見届けなくていいのですか？」と尋ねたりしています。なかには、じっくり話した後で、「ありがとう」と涙を流す利用者もいるそうです。

誰しも本当に死にたいわけではなく、生きる力が弱まってしまっているだけなのです。

●死んでしまったら取り返しがつきません。残された者は、どうにもなす術がなくなってしまうのです。死を考える利用者には、そのことをよく考えてもらえるように、声かけをしましょう。

⑱「死にたい」と言われたときの言葉

CASE 55

「あの世も忙しく、順番はまだこないようですよ」「ご主人が、まだ早いと言っていますよ」

Nが寝たきりの利用者Oさんを訪問し、ホームヘルパーになって初めてオムツ交換をしたときのこと。Oさんは「もうこの世に未練などない。早く迎えにきてほしい」と言います。どうしてよいかわからずに戸惑ったNは、事業所に戻ってから「こういうときは、どのような対応をしたらいいですか?」と、上司に相談しました。上司は、自分の経験をNに話して聞かせました。「今、あの世は忙しくて、順番がまわってこないようですよ」と返答したところ、利用者が笑って「どうも、そのようだ」と納得されたという経験談です。

その後、ホームヘルプ経験を積んだNは、あるときまた「死にたい」と相談されました。子どもがなく、配偶者を亡くして一年あまりの利用者Fさんは元気がなく、「早く主人のところに行きたい」と言うのです。Nはちょっと考えて、「ご主人が『まだこっちにくるのは早いよ』と言っておられますよ」と答えました。Fさんは「そうだね、もう少し頑張ろうかね」と、表情を和らげたそうです。

●機転をきかせて、その場を明るくする言葉かけが上手にできた事例です。ただし、あまり深刻な場面では逆効果になるかもしれないので、気をつけてください。

⑱「死にたい」と言われたときの言葉

CASE 56

「命は授かりもの。生かされているのは、まだ後輩たちに教えることがあるからですよ」

八十四歳で女性の利用者Uさんは、同居している家族からの疎外感があり、いつも沈んだ悲しそうな表情をされていました。

そんなUさんが、ある日、「もう死にたい……」という言葉をもらしたのです。ホームヘルパーのKは、利用者と常に真剣に向き合って、その時々の悩みや苦しみを受け止めて関わっていくことが仕事の基本だと考えていました。これはUさんの心の叫びだと受け止めたKは、Uさんのところに行き、「大丈夫。Uさんには、私たちがついていています」と声をかけて抱きしめました。Uさんはそのまましばらく泣いて、やがて弱々しく「ありがとう」と顔を上げたときには、少し落ち着いた様子でした。

それからKは、Uさんといろいろな話をしました。「命は神様から授かったものだと思いますよ。心の底から生きたいと願っても、若くして死んでしまう人もいます。そんな短命な人がいる一方で、Uさんがこうして生かされているのは、まだご家族や私なども含めた後輩たちに教えることがあると、神様から委《ゆだ》ねられているからではないでしょうか」と。Uさんは、「そんなたいそうなことはできないけれど……。そうね、〝生きていいよ〟と言われているのかもしれない」と、笑顔になって答えました。その後、Uさんからは、悲観的な言葉が聞かれなくなったそうです。

●高齢者は誰しも、それまでの長い間、社会にさまざまな貢献をしてきました。困難な時代を生き抜いてきた誇りを忘れずに、ご自分の経験を私たちに伝えてほしいと、切に願います。

⑱「死にたい」と言われたときの言葉

CASE 57

「辛いときは、いつでも言ってくださいね」

八十八歳の利用者Eさんは、関節リウマチのため全身の関節が拘縮を起こしている方です。歩行器を使用し、スプーンで食事をしていて、何をするにも人より時間がかかってしまいます。冬の朝は特に関節が痛み、じっとしていても辛そうです。下肢の痛みも強いのですが、弱音をはかず前向きなEさんに、ホームヘルパーのYは、いつも元気をもらっているくらいなのですが……。

あるときEさんは着替えの介助中にふらつき、とっさに壁についた手の痛みに耐えきれず、そのまま壁にもたれかかってしまいました。さすがのEさんも、自分のことを情けなく感じたのでしょうか。「病気になってから、どんどん身体が思うように動かなくなっていく。家族にも役立たずと思われて、こんな状態なら、もう、死んでしまいたい」と、悔しそうにうつむきます。

Ｙは、Ｅさんの沈痛な思いを受け止め、「身体の自由がきかなくなってくるのは、辛いですね」と言って、Ｅさんに座ってもらいました。落ち着いてきたところで、Ｙは言いました。「辛いときは、いつでも言ってくださいね。訪問回数を増やすとか、ほかのサービスを使うなど、一緒に考えましょう」。この言葉で、Ｅさんは、少し元気を取り戻したようでした。

私の失敗談

「こうしているのが嫌になった」と言われたので生きているのが嫌になったという訴えだと思い、「そんなこと言わないで」となぐさめたところ、利用者は気分を害されたようでした。改めて尋ねたところ、「起き上がって歩きたい」という前向きな言葉だとわかりました。（Y·G）

☆こういう早とちり、ありますね。相手の話をよく聞くことが、いかに大切か考えさせられます。

⑲死期のせまった利用者とその家族への言葉

CASE 58

「痛むところはないですか？」「○○を持ってきましょうか？」

お母様が末期がんと診断されたKさんの体験談です。

お母様が病院での入院から自宅介護に移ってきたときのこと。医師から「もう先は長くない」と告知されてからずいぶん経っていましたが、本人も家族も、まだどこか呆然としていました。

そのとき、担当したのが、ホームヘルパーのNでした。初めての訪問時、Nは明るい笑顔でハキハキと挨拶し、「たいへんでしょう。少しでもお手伝いできることがあればおっしゃってくださいね」と、力強く励ましてくれました。そのおかげで、Kさんたちは「ぼんやりしていてはいけない」と、少し気を取り直すことができたそうです。

その後も、Nは訪問のたびに「痛むところはないですか？」「氷を持ってきましょうか？」「何かあったら知らせてくださいね」と、いつも細かなところまで気にかけてくれました。お母様は身体の痛みが増していくなか、Nの言葉や接する態度、温かい声かけに、とても救われたようです。

一つひとつは何でもない声かけかもしれませんが、相手の立場になって考え、行動していることが伝われば、大きな力になります。

私の失敗談

90歳の利用者に、業務が終わって帰るとき「さようなら」と言ったところ、寂しそうな顔をされました。それ以来、その言葉は禁句にして、「またね」「お邪魔しました」と言って帰るようにしています。（K・U）

☆「さようなら」は二度と会えないことを連想させるのかもしれません。

⑲ 死期のせまった利用者とその家族への言葉

CASE 59

「清々《すがすが》しい若葉のころに、皆で散歩に行きましょう」

Ｉさんは八十七歳の利用者です。二年前に転んで左足首にひびが入り、退院後はリハビリテーションを頑張っていたそうなのですが、左足は足首から先が内側に傾いて固まってしまい、ひざも曲がらない状態でした。

Ｗにホームヘルプの依頼がきたのは、退院後一年経ったころからで、ホームヘルパー三人が交代で入ることになりました。Ｗはこのとき、ホームヘルパーになりたての一年生でした。

Ｉさんは、奥様と息子さん、小学二年生の孫娘との四人暮らし。奥様が、Ｉさんの体調と、気力をなくしていることが心配だと話されたので、ＷはＩさんが前向きに希望をもって生活できるようにと考え、くり返し励ましました。

たとえば、Iさんが勤めていた会社のそばの銀杏並木《いちょう》の様子を話し、「清々しい若葉のころ、皆で銀杏並木を見に行きましょう。それまでに元気になってくださいね」と、訪問のたびに言葉をかけるようにしました。

ある日、足の自由がきかないIさんが、自力で食卓まではってきたとき、奥様はIさんの生きる気力を再確認できたと言ってたいへん喜ばれました。それからIさんや奥様はホームヘルパーも打ち解けて、よく思い出話を聞かせてくれるようになったそうです。

十一月には褥瘡《じょくそう》がひどくなり、吐血することもありました。意識が薄れがちになる中、「銀杏並木の散歩を約束したでしょう。頑張ろう」と話しかけると、Iさんは閉じていた目を開けて、ニコッと歯を出して笑うのでした。励まし続けましたが状態は悪化し、Wの腕の中で水を口に含み、「そうだね、行きたいね……」と呟いた後、運ばれた病院で、Iさんは息を引き取ったそうです。

⑲ 死期のせまった利用者とその家族への言葉

CASE 60

「頑張りすぎないでください。私でよければ、いつでも話を聞きますから」

がん末期の利用者Fさんは、身体の痛みと、嘔吐、食欲不振などに毎日悩まされ、体調は日に日に悪化していました。

七十五歳のFさんはご主人に先立たれており、娘夫婦と同居していました。ホームヘルパーのNがFさん宅を訪問し始めたころ、Fさんは体調の悪さに耐えきれず、家族にきつく当たるようになっていました。ホームヘルパーに対してはそうでもないのですが、家族には甘えが出るのか、娘さんたちの介助の手をふり払い、責める言葉が続きました。Fさんの身体は本当に辛そうで、家族への態度を改めるように説得するのは難しいことでした。

Nは家族に「体調がすぐれず、どうしてもイライラしてしまうようです。みなさんもたいへんだと思いますが、優しく接してあげてください」と話し、できるだけFさんの好きなことをさせてあげてほしいとお願いしました。また、家族の気持ちに寄り添うつもりで、「頑張りすぎないでくださいね。私でよければ、いつでも話を聞きますから」と力づけました。

その後、家族はFさんを車いすに乗せて、散歩やドライブに出かけたそうです。これまで家の中で過ごしていたのはFさんの体調を考えてのことだったのですが、外出するようになってから、かえってFさんの体調はいくらか改善した様子でした。

年末、自宅介護が難しくなって入院する前日に、Fさんから「あなたに会えてよかった。優しくしてくれてありがとう」と言われ、Nは涙が出そうになったと言います。Fさんは年明けに亡くなられましたが、Nは「お役に立ててよかった……」と実感したそうです。

CASE 61

「生まれ変わって、また会いましょう」

終末期の利用者に対してホームヘルパーができる援助は、そう多くはありません。利用者の身近で生活を支えてきたホームヘルパーとして最後に果たすべき役割は、その痛みや辛さに共感し、利用者の胸のうちを静かに傾聴することではないでしょうか。

八十代の利用者Mさんは末期がん。花の大好きな人でした。ホームヘルパーのKがMさんの買い物に同行すると、いつも花や球根をたくさん買いこみます。Mさんは少女のような笑顔で、「私は花と一緒に暮らしているから、一人でも寂しくないの」と言うのでした。

三月末、Mさんはユキヤナギの苗を一つKに渡し、「花が咲いたら、『花の好きなおばあさんがいたなあ』と、私のことを思い出してね。こうして出会ったのは何かの縁よ。私が死んで生まれ変わったら、またあなたに会えるかしら」とKに尋ねます。Kが「生まれ変わって、必ずまたお会いしましょう」と答えると、Mさんは満足そうに微笑みました。その後、Mさんは体調を崩して入院し、一か月後に亡くなったそうです。

●重い病気に苦しむ人は、話を聞いてもらえるだけで安心したり、気持ちが救われたりするものです。話すのが不得意で自信がないという人がいますが、聞き上手になることも、とても大切です。

⑳ 仲の悪い家族への言葉

CASE 62

「とても心配されていますよ」「感謝されていますよ」

ホームヘルプに訪れたお宅で、利用者とその家族の仲がうまくいっておらず、家の中の空気が重々しく感じることもあるでしょう。

九十九歳の女性の利用者Yさんは、七十代の息子との二人暮らしです。息子の妻は、すでに亡くなっています。

ホームヘルパーのKは、初めは「ずいぶんときつい物言いをする息子さんだな」と思いました。しかしよくよく話を聞くと、息子は心配性で、つい先まわりして物事を考え、あれこれと口を出してしまうのだとわかりました。しかし、心配事にばかり目が向いて、ケアプランに関わることなどYさんが知っておくべき情報を、本人にほとんど伝えていない状態であったため、Kは息子に「お母さんにいろいろ話して、できるだけご自分で考えて行動していただけるようにしましょう」と話しました。

初めのうちは、Kが息子から聞いた話をYさんに伝えるようにしました。そのうえで「息子さんは、Yさんのことが心配なのですよ」と言い添えると、Yさんは安心した顔をされるのでした。一方で、息子には「お母さんが感謝されていますよ」と、Yさんの気持ちを伝えるようにしました。このごろでは、Kが間に入ることなく、息子からYさんにうまく情報が伝わり、援助活動をスムーズに行えるようになってきたそうです。

利用者や家族の否定的な言動はストレートに受け取らず、まずは冷静に、双方についてできるだけ自然に観察し、よく話を聞くことが大切です。そのうえで、サービスの円滑な提供に問題があるような事柄や、利用者や家族の心身に重い負荷がかかるようなことがあれば、何らかの対応が必要となります。問題が手に負えない場合は、サービス提供責任者に相談し、判断を仰ぐようにしましょう。

⑳ 仲の悪い家族への言葉

CASE 63

「○○とほめていましたよ。でも照れがあって言えないのです」

仲の悪い家族からは、家族間のさまざまな問題を耳にする機会があると思います。長い生活歴のなかで生じたあつれきが、他人の調整で好転することは少ないでしょう。ひとまずは聞き役となって、双方の言い分をよく聞くようにしてください。

このとき、話す側は相手に理解や共感を期待しているものなので、「それは違う」と真っ向から反対するのは逆効果です。ただし、間違ってもこちらから「注文の多いお義母《かあ》さんで、たいへんですね」などと利用者をけなすことのないように注意しましょう。家族の話を聞くのは、少しでも心を軽くしてもらい、利用者に優しく接してもらうためです。目的がブレてしまうと、ただの悪口になってしまいますから、その点はしっかりと心にとめておきましょう。相手の話を傾聴し、その人がストレスをためない術《すべ》を身につけられるよう、支持的関わりをもつことが大切です。

利用者には、話をよく聞いたうえで、「でも、お嫁さんに感謝しているところもあるのでしょう？」とやんわり尋ねてみてはいかがでしょう。こう聞かれて「一つもない」と言うほど冷淡になれる人は、あまりいないと思います。「たとえばどんなこと？」と具体的に聞き出すことができれば、後でそれをお嫁さんに伝えることができます。「お義母さんは、朝食のときに用意してくださる野菜ジュースが楽しみなのだそうですよ」といったように。「でも、直接は照れがあって言えないのです」などとつけ加えてもよいかもしれません。

あるいは、チームで相談し、家族がうまくコミュニケーションをとれるような活動を考えてみてもよいでしょう。

⑳ 仲の悪い家族への言葉

CASE 64

「そうですねぇ。あ、雨かしら。洗濯物を見てきますね」

家族にはそれぞれ、積み重ねられた長い年月によって形成された独特の形があります。愛にあふれた家族もあれば、これが本当に家族なのかと疑われるほどギスギスした関係を続けている家族もあり、把握しきれるものではありません。

介護している家族に対して不満だらけの利用者から、ホームヘルパーが家族の悪口を聞かされることもしばしばあります。家族による介護がきちんとなされていたとしても、当人にとっては不満なのです。おとなしい利用者の場合には、立場が逆になることもあります。

このようなとき、一方の内容だけを聞いて判断し、軽率な行動をとってはいけません。ホームヘルパーは、あくまでも中立的な立場でいるべきです。相手の話を掘り下げるようなことはせず、うまく矛先を変えたり、無難な返事をし、素早く話題を切り替えるなどの対応をしましょう。

注意しなければならないのは、家族へのグチや悪口の多くは、利用者の個人情報にふれるものだということです。援助活動において知り得た秘密を漏らさないという守秘義務を遵守《じゅんしゅ》しなければなりません。ただし、援助活動に支障を及ぼさないよう、チームの連携に必要な情報は、抱え込まずに共有すべきでしょう。

私の失敗談

どうにも仲の悪い利用者と家族がいます。利用者とその長女の関係が悪いのですが、利用者は長男・次男はかわいがっているようです。元は他人の嫁姑関係ではないので、気軽に「家族だから大丈夫ですよ」と長女に向かって言ったところ、「家族だからたいへんなのよ！」と、怒りを強めてしまいました。(H・M)

☆家族にはいろいろな事情があり、きっと利用者との関係も他人には察しきれないところがあるのでしょう。微妙な問題ですね。

㉑ 断るときの言葉

CASE 65

「ありがとうございます。お気持ちだけいただきます」

訪問回数を重ね親しくなってくると、ホームヘルパーに「何かお礼をしなくては」と考える利用者が多いようです。一部の利用者は、ホームヘルパーのためにさまざまな物を用意してねぎらおうとします。お茶やお菓子、果物などのほか、衣類、アクセサリー、現金……などです。利用者が自分の畑で育てた野菜というケースもあります。ホームヘルパーとして仕事を続けていけば、そのような経験をすることは一度や二度ではないでしょう。

しかし、ホームヘルパーは介護のプロとして、自信と誇りをもって業務を遂行しなければなりません。契約によってサービスを提供する制度においては、サービスが発生した時点で利用者とホームヘルパーの間にはギブアンドテイクの関係が成り立っています。このうえ利用者から何かをいただくことは、制度の理念に反しています。その点を忘れることなく、利用者から金品供与の申し出があった場合は、どんな物でもお断りするのが原則です。

とはいえ、ただ「いただけません」と断るのでは、利用者の気持ちを傷つけてしまうことにもなりかねません。まずは、契約時や初回訪問の際に、利用者が理解し納得されるまで、そのような気遣いは必要ないことを十分に説明しておくことが大切です。

訪問中に利用者から申し出があったときには、「ありがとうございます」とうれしい気持ちを表したうえで「お気持ちだけいただきます」と断りましょう。そして、「初めて伺ったときに説明させていただいたと思いますが、私たちはちゃんとお給料を受け取って、仕事として訪問しています。いただくわけにはいかないのです」などと、受け取れない事情を丁寧に話します。利用者との間にわだかまりが生じないよう、きちんとした対応を心がけましょう。

CASE 66

「○○さんに会えなくなってしまうのは辛いので、受け取れません」

利用者はなぜ、ホームヘルパーに何かを差し出したくなるのでしょう。自分ができないことをしてもらって「ありがたい」という気持ちが強く、お返しをしないと気がすまないのかもしれません。世代的にも、「人に何かしてもらったら、お礼をするのは当たり前」という習慣が、人づき合いの中でごく自然に行われてきたのではないでしょうか。そのような利用者側の気持ちを無視し、むげに断っては、かえって利用者の気分を害することになりかねません。では、「どうしても」と引き下がらない利用者にはどのように対応したらよいのでしょうか。事例を一つ紹介します。

利用者Mさんは、日中はほとんど家の中で一人きりで過ごしています。ある日、ホームヘルパーのIがお宅を訪問すると、Mさんは居間に倒れ込んで嘔吐、便失禁し、泣きそうな顔になっていました。その日は体調が悪く、トイレに行こうとしたけれど、間に合わなかったのだと話されました。

すぐに清拭《せいしき》し、着替えを手伝って、ベッドに横になってもらいました。居間の汚れ物を片づけて利用者のところに戻ると、Mさんは手に一万円札を持っていました。「ありがたかったから、受け取ってほしい」と言うのです。

Iは、「お気持ちだけ受け取らせてください。そのお金を受け取ったら、私は仕事をクビになってしまいます」とお願いしました。ところがMさんは、「頼むから受け取ってほしい。そうしないと自分の気がすまない」と引きません。Iは続けて、「もしクビになったら、もう訪問することができなくなってしまいます。Mさんに会えなくなるのは辛いので、どうしても受け取ることはできません」と頭を下げました。そこでやっと、Mさんは「ありがたかったよ」と手を合わせて、お金をしまってくれたそうです。

㉑ 断るときの言葉

CASE 67

「お役に立て、喜んでいただけることが何よりうれしいです」

利用者から感謝していただけるということは、一方で、ホームヘルパーが行っている援助に満足されていることを表しています。金品は受け取らないにしても、利用者からいただく感謝の気持ちは否定しないで、素直に受け取りたいものです。

「いつもお心づかいありがとうございます。○○さんのお気持ちはとてもありがたいのですが、いただくわけにはいきません」「ごめんね、もらってはいけない決まりになっているの。○○さんの気持ちはここに（胸をたたく）ちゃんともらったから、ありがとうね」といった応答で、こちらからも感謝の気持ちを伝えましょう。

そして、「『ホームヘルパーがきてくれて助かる』という○○さんの言葉が、私には何よりうれしい」「私たちは皆さんに喜んでいただければ、それで十分うれしいのです」といったように、ホームヘルパーにとっての喜びが何であるかを利用者に知ってもらいます。

また、援助の中で調理のコツなどを教えてもらえたり、会話の中から教訓を得ることができたりして、ホームヘルパーも利用者からいろいろと学んでいることを伝えるようにしましょう。

私の失敗談

利用者からさがし物を頼まれ、調理中だったため後まわしにしたところ、「さがし物をしにきているのではないと言われた」とクレームが入りました。「火を使っていて危ないので、調理が終わってから一緒におさがししますね」と、丁寧に話したつもりなのですが……。(K・I)

☆声の高低や顔の表情、姿勢などから、「急ぐものじゃないし、後でいいでしょう」という気持ちが伝わってしまったのかもしれません。

㉑断るときの言葉

CASE 68 「今後は必要ありません」「いただけません」

利用者によっては、申し出を断られて気分を害する人もいますから、断るときの言葉にはよほど注意しなければなりません。断った途端に険しい表情になり、「うちのお茶は飲めないっていうの?」「一度出した物は引っ込められない」「人の気持ちを無にするものじゃない!」と言葉がきつくなる利用者もいます。

一人暮らしの人や山間地に住む人は、子どもや知人から送られてきた物が使い切れなかったり、庭で野菜が採れすぎて困っていたりします。おすそ分けするご近所もなく、世話になっているホームヘルパーにあげるのを楽しみにしている方もいます。わざわざ買っているのか、余って困っているのかを、判断して対応しなければなりません。いずれにしても、利用者の状況はサービス提供責任者に報告しましょう。利用者宅から事業所に電話を入れることで、利用者はホームヘルパーに物を渡すのは面倒なことだと気づく場合もあります。それでも渡そうとする人は、サービス提供責任者やケアマネジャーと話し合ってもらいましょう。一人で勝手に判断することは避けたいものです。

お茶やお菓子の用意をされたときも、基本的には断ります。どうしてもというときは、相談支援として、利用者のお茶の相手をするのに余った時間を使うのであれば問題ないでしょう。また、おみやげに箱菓子を用意されて断りきれないときは、「個人的に受け取ることはできないので、事業所へ持ち帰ります」と言うようにすれば、事業所として対応することができます。その際、「今後は必要ありません」と申し添えることを忘れずに。

こんな切り抜け方もあります。「おみやげに梨を持って帰ってね」と言われ、ホームヘルパーは「いただけません」と説明しながら、梨の一つを一口大に切って、利用者に食べてもらいました。「おいしい」と喜ぶ利用者にお茶を出し、世間話をしているうちに、おみやげのことはどこへやら。ホームヘルパーは、手ぶらで帰りました。

㉑ 断るときの言葉

CASE 69

「わかりました。ひとまずお預かりしますね」

ある利用者のご家族から通院介助の依頼がありました。利用者のTさんは、三か月前に骨折してから、冬の間中ほとんど家の中にこもっていたそうです。ホームヘルパーのDは、家族の予定が合わなかったため、病院で診察を受ける行き帰りの介助を頼まれました。

初春の気候が穏やかな日のことで、診察を無事に終え、道端の草木を愛でながら、Tさんとのんびり歩いて家まで戻りました。Tさんは「天気がよくて気持ちよかった。あなたがついてきてくれたおかげで、安心して行ってこられたのよ。ありがとう」とお礼を言い、ティッシュに包んだ物を差し出しました。現金です。

お断りすると、「そんなことを言わないで、私の気持ちだから」と悲しげな顔でおっしゃいます。Dはどうにも断りきれず、「……わかりました、ありがとうございます」と礼を言い、受け取ってしまいました。

事業所に戻り、受け取ったお金をサービス提供責任者に渡して事情を話し、サービス提供責任者から利用者本人に返してもらうように頼みました。後日、サービス提供責任者が利用者宅を訪問してお返ししたところ、「ご迷惑をおかけしました」と言って気持ちよく受け取ってもらえたそうです。

●どうしても断りづらいときは、いったん受け取り、後で返すという対応も考えられます。とはいえ、受け取らないのがベスト。このケースではサービス提供責任者がうまく説明したのでしょう。「前の人は受け取った」などと言われて後任のホームヘルパーが困ることもありますから、周囲への影響をよく考えて対応してください。また、知らないうちにカバンの中にお金が入れられていたといった場合も、サービス提供責任者を通して返すようにしましょう。

コラム

3 オープン・クエスチョンの活用

会話は、人間関係を良好に保つうえで重要な要素の一つです。その中身を大きく左右するのが「質問」です。質問には、次の２種類あることをご存知ですか？

・クローズド・クエスチョン（閉ざされた質問）

相手が「はい・いいえ」で答えられる質問。質問の幅が狭く、相手から短い返答しか返ってこないため、会話が発展しにくい。「○○だと思うよね？」「○○は好き？」「○○ではないよね？」など。

・オープン・クエスチョン（開かれた質問）

相手の考えや気持ちを尋ねる質問。自由度の高い回答が得られるため、相手から多くの情報を引き出すことができる。「○○のことをどう思う？」「○○のどこが好き？」「そのときの気持ちはどうだった？」など。

オープン・クエスチョンでは、質問された側がとっさに答えられず、「どう言えばよいのか……」といった、あいまいな表現がよく聞かれます。実は、この「うまく答えられないこと」こそが、問題解決の糸口だったりします。相手の「答えようとする気持ち」に寄り添い、口に出してみることを促しましょう。

質問された側は、自由に回答できるオープン・クエスチョンのほうが、質問者に心を開きやすくなります。オープン・クエスチョンを活用して、相手と打ち解けたよい関係を築いていきたいものです。

セクション 4

言葉だけじゃない！
コミュニケーションのコツ

㉒ 目線や表情から気持ちを読み取る

CASE 70

相手の目を見て話そう。利用者の目と同じ高さになろう。

「目は口ほどにものを言う」ということわざがあるように、目はさまざまなことを物語ります。言葉ばかりに集中して、目線や表情への配慮をおろそかにすると、人は思いのほか敏感に、その変化を読み取るものです。身体障害者など身体の動きを制限されている人は、なおさら鋭敏な感覚をもっていることが多く、ホームヘルパーの気持ちの変化なども敏感にキャッチします。

利用者と話をするときは、きちんと相手の目を見て話すようにしましょう。訪問の挨拶から始まって、何かで声をかけたとき、本人が黙っているときなど、意識して接していると、目の表情や目線で利用者の気持ちの動きが伝わってきます。

具合が悪かったり、気に障《さわ》ったことがあったりしたときには、利用者の口数が少なくなるものです。やけに静かだな、と思ったときは、目線や表情を観察しましょう。

ホームヘルパー自身の目の動きにも注意します。利用者が話をしているときは、目を見開いたり、まばたきをしたり、ときにはじっと見つめたりして、興味をもって聞いていることを示すとよいでしょう。

また、上から利用者を見下ろすことのないように、自分が立っているときは利用者が寝ている高さまで腰を落としたり、隣に座ったりして、威圧感を与えないように気を配ります。いつも利用者の目と同じ高さで物が見られるように心がけましょう。

㉒目線や表情から気持ちを読み取る

CASE 71 利用者もホームヘルパーの様子を観察している。

ホームヘルパーは、利用者の目線にどれだけ注意を払って仕事をしているでしょうか。

ホームヘルパーは、利用者の心身の状態を見るために、その表情、言動などの変化に意識を傾けながら業務を実行しています。ところが利用者の側も、案外しっかりとホームヘルパーの様子を観察しているのです。

精神障害のある利用者Sさん。調理のために訪問したホームヘルパーのTが、いつものように台所に立ちながらSさんと会話をしていたときのことです。Sさんはふと、「そういえば、ホームヘルパーのAさんは体調が悪いのかな? この間はあまり元気がなかったみたいだけど……」とつぶやきました。同僚のAに、いつものような笑顔や明るい会話がなかったと言うのです。

実はSさんは、気分の浮き沈みが激しく、下手に刺激しないように、ホームヘルパーたちがいつも緊張感をもって接しなければならない利用者の一人でした。Sさんに対して、社会生活を送っていくために自分のことだけで精一杯だという印象をもっていたTは、このときのSさんの発言を聞いて驚きました。

じっくり話を聞いてみると、ホームヘルパーの体調変化には敏感で、初めの挨拶や動作、食事の味つけの変化などからも、普段の様子と比較できるといいます。

この経験から、Tは自分が気づかないところでも、利用者はホームヘルパーをしっかり観察しており、また利用者の側からもホームヘルパーに対して何かと気づかいをしてくれているのだと実感したそうです。

●介護をする者とされる者、双方の思いやりがあってこそ、ホームヘルプというサービスが成り立っていることを忘れずに。

㉓ ふれられている安心感

CASE 72

「握手してもらえますか？」「○○さん、私と握手しましょう」

ホームヘルパーの中には、サービスを開始するときや帰り際に、利用者に握手をしてもらうという人がいます。「サービスを始めますね。よろしくお願いします」「今日はどうもありがとうございました。また、よろしくお願いします」という言葉を添えて。利用者は「ヘルパーさんから力をもらった」と言って、喜ぶことが多いようです。握手をすることで、利用者の力強さや体温を感じることができ、そこからその日の体調なども読み取ることができます。

スキンシップは大切なコミュニケーション手段の一つです。自分なりにうまく応用し、利用者との信頼関係を築いていきましょう。

あるホームヘルパーは、寝たきりの利用者がなかなか心を開いてくれなかったときに、「毎回、必ず利用者と握手をしよう」と決めました。最初はホームヘルパーからの一方的な握手。しかし回数を重ねていくうちに、利用者のほうから手を差し出すようになり、力強く握り返してくれるようになりました。その後は、安心したのか、心を開いて何でも話してもらえるようになったそうです。

また、ある認知症の利用者は、長く入院していて、退院後、初めてホームヘルプサービスを受け入れました。オムツ交換や車いすへの移乗の際、これから何をするか話しても、両手はしっかりとベッドの柵を握っています。何度「手を離してくださいね」と言っても、離しません。そこでホームヘルパーが、「○○さん、私と握手しましょう」と手をさするようにすると、やっと柵から手を離し、ホームヘルパーの手を不安そうに握りしめました。この利用者は、ホームヘルパーが家にきて身体介護を行うことに徐々に慣れ、今では声かけに合わせて、スムーズに動いてくれるようになっています。

㉓ ふれられている安心感

CASE 73

「さあ、次は○○をしましょう。シャル・ウィ・ダンス？」

ホームヘルパーのFが担当する利用者の中には、排泄や入浴の必要があっても、なかなかベッドから離床しない人がいました。体調があまりよくなく、身体を動かすのがおっくうだということもあるでしょうが、体力的には問題ないはずなので、排泄や入浴の介助に対する心理的な抵抗感があるのではないかと推察されました。それなら、何とかその抵抗感を取り除けないものかと考えた末、Fが思いついたのは、手を引いてトイレに行く行為をダンスに見立てることでした。

Fは、機会をみて「Oさん、トイレに行きましょう。シャル・ウィ・ダンス？」と、軽く一礼し、うやうやしく片手をOさんの前に差し出しました。Oさんはびっくくりした顔をしたので、「あれ、失敗だったかな？」と心配になったのですが、次の瞬間、大きな声で笑い出されたので、ほっとして、二人で笑い合ったということです。

ひとしきり声を立てた後で、「さあ、行きましょうか？」と改めて手を差し出すと、「しかたないなぁ」と照れ笑いしながら、差し出した手をつかんで立ち上がってもらうことができました。

Oさんは、Fの手を杖代わりにして、腰に手を添える程度のトイレ介助を、その後は楽しみにしてくださるようになったそうです。

㉓ふれられている安心感

CASE 74

「手が冷たくならないよう、手袋にカイロを入れてきました」

利用者のKさんは、関節の拘縮により右の手指がうまく動かず、朝は特に辛いと言っていました。ある日、利用者の手指の動きが悪く辛そうだったので、Nは両手でKさんの右手をさすって温めました。温めた後は、自分でゆっくり一本ずつ指を動かすことができるようになり、Kさんはうれしそうです。

そして、「アンカやこたつという道具もあるけれど、人の温かさに代われるものではないね。ありがとう」と、ねぎらってくださいました。その言葉に、Nの気持ちもほんわかと温かく、うれしくなりました。

また、身体介護の際には利用者の身体にふれることになります。Nは、冬の早朝訪問時には必ず、介助するときに冷たくなってしまわないよう、訪問時間ぎりぎりまで手袋の中にカイロを入れて手を温めるようにしています。Kさんは、「あなたの手はいつも温かいのね」とうれしそうにしてくれるそうです。

またNは、そのときの会話から、介助時に冷たい手をしているホームヘルパーがいることに気づき、担当者会議で自分の体験を話してみました。すると、その後、何人かのホームヘルパーがその方法を取り入れてくれるようになりました。

私の失敗談

あるとき、異性の利用者から「手をつないでもらえないか？」と言われ、突然のことだったのでギョッとしてしまいました。利用者の顔をじっと見て「えっ？」と聞き返したところ、「何でもない」と言われたのですが、その後、なぜかヘルパー交代となりました。（H・Y）

☆気まずくなった利用者が交代を願い出たのでしょうか。利用者の意図はわかりませんが、もしかしたら何か事情があったのかもしれません。

㉓ ふれられている安心感

CASE 75 かける言葉がなくても、そばで身体をさすることで、辛さが軽減される。

利用者の身体にふれるボディタッチには、本人に安心感を与える効果があるようです。

ある日、ホームヘルパーのAが訪問すると、利用者Fさんが自分の部屋で涙を流しています。いつも明るく元気なFさんの暗い表情に驚きながら、Aが「どうされたのですか?」と事情を聞いてみると、友人が亡くなったのだそうです。「親しい人が次々と亡くなっていくの。私一人取り残されてしまって、とても寂しい」と、Fさんはつぶやきます。

すでに夫と娘を亡くしていて、今また親しい友人まで失ってしまったFさんに、

Aは何も声をかけることができませんでした。Aにできたのは、ただ隣に座って、黙って背中をさすり続けることだけです。それでも、しばらくして泣きやんだFさんは、「もう大丈夫。ありがとう、そばにいてくれて」と言ってくれました。

このことで、Aは、かける言葉がなくても、そばで身体をさすってあげることで、相手の辛さが軽減されることもあるのだと実感できたと言います。

大きな出来事がなくても、利用者に不安そうな表情が見られるときには、手をにぎったり、肩や背中をさすることで穏やかな表情になることがあります。また逆に、ホームヘルパーが認知症の利用者から頭をなでられるということもあります。

利用者に動いてもらいたいときに、その箇所をさすることも試してみましょう。たとえば、膝を立ててほしいとき、声をかけながら足をさすると、スムーズに動いてくれることが多いようです。

●ホームヘルパーには利用者の悲しみを取り去ることはできません。しかし、その気持ちに寄り添い、手を握ったり肩や背中をさすることで、心を和ませることができます。

㉔ 利用者との距離感

CASE 76

「○○といえば、××で有名ですよね」

利用者との信頼関係は、一度や二度の訪問で得られるものではなく、長い時間をかけて少しずつ培《つちか》われていくものです。そこまでの道のりに近道はありませんが、利用者との距離を縮め、コミュニケーションをとりやすくするためには、共通の話題をもつことが有効でしょう。

利用者の出身地が自分と同郷であれば、方言を使って話すことで親近感をもたれるでしょうし、異なる出身地であれば、その土地の言葉を話してもらったり、名産を尋ね合ったりすれば、お互いの生育環境についての理解も深まります。ただし、あまり詮索するような質問は避けたほうがいいので、観光名所の話題などをきっかけにすれば、当たり障《さわ》りがないと思います。

利用者の仕事や趣味の話も、本人が話しやすい話題の一つです。ある男性の利用者は、大きくたくましく、いかにも力仕事をしてきたという手をしていました。ホームヘルパーが「若いときからたくさん働いてきたのですね。この手が物語っています」と声をかけたところ、利用者は「そうかい？」と穏やかな表情になって、さまざまな思い出話をしてくれたそうです。ホームヘルパーは、この利用者が若いころに農業をしていたことは家族から聞いて知っていたのですが、改めて利用者の手を見たときの驚きを素直に表現したことが、本人の心に響いたようです。

それまで無口だった人が、ある話題をきっかけに、生き生きと話し出すこともあります。それが個人的な話題であっても、利用者が話したいと思うことに耳を傾け、共感することができれば、相手の側から自然と心を開いてもらえるでしょう。

㉔利用者との距離感

CASE 77

「またきます」「好きですよ」「嫌われにきました!」

ホームヘルパーDは、かたくなに援助を拒否する援助困難な利用者への対応で困ったことがありました。

利用者Hさんのお宅を訪問しても、最初はまったく入れてもらえず、玄関先で挨拶するだけで終わっていました。本人から「ゴミを捨ててほしい」と頼まれたことをきっかけに家の中に入れるようになりましたが、なかなかサービス業務をさせてもらえません。しばらく話をして慣れたころを見計らって業務を始めるのですが、いつも途中で中断され、結局は追い返されてしまいます。

Dが担当する前に、ホームヘルパーが何人も交代しており、サービス提供責任者と相談し、方針を変更することにしました。名づけて「開き直り作戦」。Hさんに何を言われても、ひるまないことにしたのです。Hさんに「二度とくるな」と言われたら、「またくるから」と答えます。「またきたのか」と言われたら「はい。またきました」。「あんたなんか嫌いや」と言われたら「私は好きですよ」。「嫌なやつがきた」と言われたら「嫌われにきました！」といった具合です。

こんな会話をくり返しているうちに、最後には「あんたには、何を言っても、あかんわ」とHさんが折れて、業務を行わせてもらえるようになりました。

私の失敗談

なかなか援助になじまない利用者がいました。時間がたてば自然に親しくなれると考え、特に対応しないでいたところ、訪問時間に居留守を使われるようになってしまいました。家族によれば、「誰にも会いたくない」と部屋に閉じこもっているそうです。（S・A）

☆もっと早い段階で心理面のケアができていれば、と悔やまれます。

㉔ 利用者との距離感

CASE 78

「○○さんのために手遊び歌をつくりました。やってみませんか？」

利用者とのコミュニケーションに、手遊び歌を取り入れた事例を紹介します。手遊び歌は、歌に合わせて手や指を動かす運動で、子どもの手指の発達を促すためによく用いられています。二人で手を合わせたりする動きを加えれば、利用者とホームヘルパーのスキンシップにもなります。

利用者Mさんは八十一歳の女性。Tは元来、明るい性格で、初回訪問で挨拶を交わした後も、会話が途切れることはありませんでした。しかし、あまり笑顔を見せず、か細い声で話すMさんは、頑固で生一本なところもあり、その様子がTには少し心配でした。

Ｔは、次回の訪問で、Ｍさんに明るく話しかけました。「Ｍさんのために簡単な指運動の歌を考えてみました。一緒にやってみませんか？」。Ｍさんは、関節の拘縮があり両手の指がうまく動かせません。Ｔが見本を見せると、Ｍさんはその手遊び歌をすぐに覚え、やがてほかのホームヘルパーにも得意げにやってみせるようになりました。

今日もすべてのサービスが終了した後の二分間は、二人だけのショーの始まり。ベッドに端座位になったＭさんの前に座る観客はＴだけです。満面の笑顔で手を広げ、大きな声で手遊び歌を披露するＭさん。「いちご、にんじん、みかん、しいたけ、ごぼう……」と、ゆっくりはっきりした声で歌い上げます。ショーが終わると、二人は手を取り合って、「上手だったねえ」と喜び合いました。Ｍさんの笑顔と声の張りは、以前とは別人のようでした。

Ｔは、自分のちょっとした遊び心を快く受け入れてくれたＭさんに感謝しつつ、これからもよい関係を続けていきたいと願っています。

㉕ 第一印象をよくしよう

CASE 79

「慣れるまで、いろいろ教えてくださいね」

初めて利用者と対面するとき、大切なのはホームヘルプというサービスと、それを担当するホームヘルパー自身について、利用者によい印象をもってもらうことです。程度の差はあっても、初対面の人に会うときは、誰でも緊張するものですから、利用者にとって話しやすい雰囲気をつくることが大切です。

まず、はっきりと挨拶をして、きちんと自分の名前を名のりましょう。利用者にも、どのような呼び方をすればよいか確認しておくとよいですね。「ホームヘルパーになって三年目、まだまだ勉強中です」などと簡単な自己紹介をすると、利用者も自分のことを話しやすくなります。とはいえ、無理をする必要はありません。要は、挨拶だけで終わるのではなく、いくらか会話をつなぐことが大切なのです。「今日は晴れてよかった。それに、風が気持ちよいですね」「最近まで入院されていたと聞きました。今日の体調はいかがですか？」といった声かけでも十分でしょう。

初めての訪問では、ホームヘルパーとしてどのような姿勢で業務を行っていきたいのか、また利用者はどのように援助してもらいたいのかを、ある程度、話し合っておきます。利用者の立場になって考えれば、「知らない人が自分の家で何をしでかすかわからない」という不安が生じるのは、当然のことです。ホームヘルパーのほうから、料理の味つけや掃除、洗濯のしかたなど「お宅のやり方でやります」という気持ちで、「ご面倒かと思いますが、慣れるまでは、いろいろと教えてくださいね」などと挨拶すると、安心してもらえるのではないでしょうか。

また、表情は何よりも大切です。明るい声と優しい笑顔は、ときには利用者にとって最高の励ましになります。

㉕第一印象をよくしよう

CASE 80

「大切に心を込めて扱わせていただきます」

最初の訪問時に限りませんが、特に初めのうちは、利用者の話をよく聞くことが大切です。利用者と楽しく会話をしながら、限られた時間内での業務もきちんとこなすことは難しいですが、ホームヘルパーが身につけなければならないテクニックと言えます。

ポイントとしては、①調理などで背中を向けているときは、大きくうなずいたり動作の合間に身体を相手に向けたりして、「聞いている」という姿勢を示す、②利用者に呼ばれたら、返事をするだけでなく、いったん掃除などの手を止めて近くまで行って話を聞く、などです。利用者に不快感を与えないようにして業務を進めることが大切です。

話をするときは、常に利用者の人格を尊重し、礼儀正しい態度で対応します。認知症のある人を含め、子どもや友人にするような話し方は好ましくありません。「一人の人間として尊重している」という意思を示し、敬意をもって接します。話しかけるときは「すみません」とか「あのー」ではなく、「〇〇さん」と名前で呼びかけるようにしましょう。そのほうが、ひとまとまりの「利用者」としてではなく、その人を個人として見ているという姿勢が伝わります。それに、あまり意識しないことですが、人に名前を呼ばれるとうれしい気持ちになるものです。

あるホームヘルパーは、利用者に敬意を示すため、こんな考えを思いつきました。認知症の利用者で、援助内容は入れ歯の洗浄、収納を含む口腔ケアです。入れ歯を受け取るとき、ホームヘルパーはとっさにハンカチを取り出し、「大切に心を込めて扱わせていただきます」と言って慎重に扱うようにしました。利用者は身のまわりの物を人にさわらせないという性質をもっていたのですが、その後は「ありがとう」と素直に入れ歯を渡すようになったそうです。

日本ホームヘルパー協会（ご加入案内）

ホームヘルパーの資質向上と処遇改善を目指して活動する任意団体。1972（昭和47）年、設立。研修会の開催や機関誌『ホームヘルパー』の発行、訪問介護に関する調査・研究などを行う。
全国15の県・市（函館、栃木、埼玉、千葉、東京、新潟、山梨、三重、和歌山、島根、岡山、香川、鹿児島、北九州、福岡）に支部団体あり。

〔年会費〕
支部会員：年会費は支部により異なる
個人会員：年会費3000円（支部がない地域）

〔問い合わせ先〕
日本ホームヘルパー協会 事務局
電　　話：03-5470-6759
ホームページ：http://nihon-helper.web.officelive.com/

NEW・JMPシリーズ78（介護・福祉シリーズ4）

ホームヘルパーのための
現場で役立つ上手な言葉かけ80

2009年 9 月18日　第 1 版第 1 刷発行

著　者
監　修　日本ホームヘルパー協会©
発行者　林　　諄
発行所　株式会社日本医療企画
〒101-0033　東京都千代田区神田岩本町4-14　神田平成ビル
TEL　03-3256-2861（代表）　http://www.jmp.co.jp
印刷所　株式会社上野印刷所
編集協力　沢田 恵子、久野 良子
ISBN978-4-89041-850-3 C0236
定価は表紙に表示しています。
Printed in Japan, 2009